지리학 삼부자의 중국 지리 답사기

지리학 삼부자의

중국 지리 답사기 상

원시림의 바다에서 산수의 고향 구이린까지

서무송 · 서인명 · 서원명

푸른길

지리학 삼부자의 중국 지리 답사기 ㊤
– 원시림의 바다에서 산수의 고향 구이린까지

초판 1쇄 발행 : 2004년 7월 20일
초판 3쇄 발행 : 2009년 5월 25일

지은이 : 서무송, 서인명, 서원명
펴낸이 : 김선기
펴낸곳 : 주식회사 푸른길
등　록 : 1996년 4월 12일(제16-1292호)
주　소 : 서울시 서초구 방배동 1001-9 우진빌딩 3층
전　화 : 523-2009　팩스 : 523-2951
e-mail : pur456@kornet.net
홈페이지 : www.purungil.com

값 : 18,000원
ISBN : 978-89-87691-46-2　03990
　　　978-89-87691-47-3 (상권)

이 책에는

이 책은 제목 그대로 지리학을 전공한 세 부자가 중국 대륙을 10여 년간에 걸쳐 두 발로 걸어 답사한 내용을 기록한 것이다. 저자들이 주로 관심을 가진 지형적인 부분뿐만 아니라 중국인들의 일상적인 생활 모습까지 그들과 직접 부딪히며 얻은 내용과 느낌을 담고 있어 더 의미가 있다.

처음 답사를 시작한 때는 중국과 우리 나라가 수교가 없던 때였다. 그리고 모두 7차례의 여행이 이루어졌다. 그래서 이 책은 10여 년 전의 중국 모습에서부터 근래의 중국의 변화까지 모두 담고 있다. 다소 시간적인 연속성이 없는 듯하지만 과거와 현재가 공존하는 중국의 현실을 보는 듯한 독특함을 느끼게 된다.

한편 이 책에는 그 동안의 답사와 연구를 통해서 얻은 성과를 '리포트' 라는 이름으로 소개하고 있다. 그 중에서도 특히 '잃어버린 땅' 녹둔도에 대한 리포트는 서무송 선생님이 가장 자부심을 갖고 발표하는 내용이다. 우리 나라에서는 아직 이에 대한 연구가 본격화되지 않았지만 이를 계기로 활발해지지 않을까 생각된다.

이 책을 쓰신 서무송 선생님의 가족은 우리 나라에서는 유일무이한 지리학 가족이라고 할 수 있다. 간도 지방에서 태어나 두만강 사구 지대를 보며 꿈을 키우게 된 대표저자 서무송 선생님은 지리학에 대한 애정과 열정이 누구보다도 높으신 분이다. 이 책의 공동 저자인 두 아들, 며느리 이외에도 손주 등도 지리학에 몸담고 있다. 특히 서원명 선생님은 지리교육연구회 지평의 회장을 비롯해 경기지리교육연구회 이사를 맡고 있는 등 지리 교육을 위해 활발히 활동하고 있다.

일흔을 넘기신 서무송 선생님의 경우는 물론이고 아들과 손주들도 주말이든 방학이든 간에 약간의 시간과 여유만 있다면 우리 나라는 물론이고 세계 지리를 익히기 위해 배낭을 꾸려 떠난다. 지리학의 학문적 위상이 다른 나라들에 비해 매우 낮고 일반인들의 인식 또한 미미한 수준에서 이들 가족의 지리학에 대한 정열과 사랑에 탐복하지 않을 수 없으며 이런 가족이 있는 한 한국 지리학의 미래는 매우 밝아 보인다. 여러분도 이 책을 통해 지리와 좀더 친숙해졌으면 하는 바람이다.

머리말

지구상에서 땅덩어리가 큰 나라들을 보면 러시아, 캐나다, 중국, 미국, 브라질 순으로 중국은 세계에서 세 번째로 넓은 나라이다. 캐나다의 997만 km^2보다는 37만 km^2가 작고, 미국의 937만 km^2보다는 23만 km^2가 더 큰 960만 km^2이다.
전 세계 인구 60억 명의 1/5 이상을 차지하는 인구 대국이면서 세계 최대의 자원 부국이기도 한 중국은 그 인구의 중압에 못 이겨 일부 자원을 역으로 수입해야 하는 어려움도 함께 가지고 있다.
특히 우리 나라와는 문화의 요람기에서부터 뗄레야 뗄 수 없는 밀접한 관계를 맺고 있어, 중국의 역사와 문화를 언급하지 않고서는 우리의 역사와 문화를 독자적으로 설명하기 힘들다. 또한 같은 한자 문화권역에 속한 까닭에 언어의 힘이 그러하듯 민중의 사고 방식과 정신 세계도 사뭇 일치하는 바가 많다. 그리고 지금은 상황이 많이 달라졌지만, 그래도 한자를 사용하면 상호간의 대략적인 의사 소통쯤은 가능하다.
서구의 미래학자들은 21세기는 동양 문화권의 국가들이 국제 무대에서 주도적 역할을 수행할 것이라고 이미 오래 전부터 천명해 왔다. 그 중에서도 특히 중국은 21세기를 이끌 견인차 역할을 할 주도적인 국가가 될 것임을 확신하는 바, 필자 등 지리학을 전공한 우리 삼부자는 중국 대륙에 대한 다양한 이해를 위한 한 가지 방편으로 중국 지리 탐구 여행을 가열차게 지속해 왔다.

나와 인명, 원명 두 아들은 1988년 7월부터 2002년 1월까지 7차에 걸쳐 총

75,000여 km를 배낭을 짊어지고 중국의 수도권과 둥베이 지방, 내몽고 지방, 그리고 황하 및 양쯔 · 주장 · 헤이룽 강 유역 등을 두루 답사하였다. 또한 세계의 지붕으로 알려진 티베트 고원과 기이하기로 이름난 황토 고원, 중국의 5대 분지인 쓰촨四川, 차이타무柴達木, 투루판吐魯番, 준거얼准噶爾, 타리무塔里木 분지 등을 비롯하여 사막과 염호에 대해서도 깊이 있는 탐구를 진행하였다.

히말라야 산맥과 쿤룬, 톈산, 알타이 산맥 등에서는 혹한과 싸우며 빙하 지형을 탐색하였고, 중국의 수해樹海를 관찰할 일념으로 시린지西林吉에서 헤이룽 강가의 모허漠河에 이르기까지 누비고 다녔으며, 다싱안링大興安嶺을 소형차로 횡단하는 무모함도 감수했다.

티베트 고원의 우다오량五道梁에서는 고산병과 모진 추위에 거듭된 좌절의 유혹을 어렵사리 물리쳤고, 중국의 극북 모허漠河에서는 영하 40℃의 혹한 속에서도 이즈바란 귀틀집에서 감자 대접을 받았으며, 때로는 중러 국경 초소에서 중화인민해방군 전사들의 도움을 받기도 했다.

가장 인상적인 여행은 양쯔 강 싼샤三峽를 룬촨(윤선)을 타고 관찰한 것이었다. 티베트 고원에서 풀을 뜯는 야생 동물들의 한가로운 모습은 평화로움의 극치를 보여 주는 장면으로 머리 속에 각인되었다. 또 톈산 산맥의 산등성이에 광범위하게 발달한 모식적 마제형 권곡들을 관찰한 것은 생애를 두고 잊을 수 없는 감동이었다.

그뿐인가. 공중에서 관찰한 다라터치達拉特旗 사막의 바르한 사구군과 황토 고원의 왠塬상에 입지한 촌락과 도시들, 마오峁를 개간한 동심원의 경작지 등 모든 경이로운 광경들은 그 선연한 무늬와 빛깔을 지금 이 순간에도 그 곳에 있는 것처럼 낱낱이 상기시켜 준다.

가는 곳마다 과학원의 지리 연구소와 심지어는 중 · 고등학교의 지리 교사까지 찾아다니며 지역의 필요한 정보를 탐색하였으나 노력에 비하여 너무도 얻은 것이 없었다. 게다가 광대한 땅, 경이로운 세계를 기차, 배, 버스로, 때로는 대절한 택시나 마이크로버스로, 그도 아니면 비행기로 …… 이것 저것 옮겨타며 달리고 또 달렸지만, 총 여행 일수 7개월이란 기간은 중국이라는 거인의 발뒤꿈치만 더듬고 온 듯한 너무나도 짧은 기간이었다. 그러나 우리들은 자부한다, 지리학에 평생을 건 우리 삼부자는 할 수 있는 최선의 노력을 다하여 부지런히 뛰고 또 뛰었기 때문에 더 이상의 아쉬움은 없다고 말이다.

19세기 말 독일의 지리학자 리히트호펜Richthofen과 라첼Ratzel이 생각난다. 이들은 1868년~1872년까지 동부 아시아 탐험에 참가하여 중국 대륙을 조사하였다. 그리하여 1877년~1912년까지의 35년에 걸쳐 'CHINA'란 저서 5권과 지도첩 2권을 발행하는 결실을 맺었는데, 이 책들은 오늘날까지도 중국 대륙에 대한 불후의 명저로서 그 권위를 인정받고 있다. 그 중 제1권과 제2권 제4권 및 지도첩 제1권은 리히트호펜 생전에 출간되었고, 제3권과 제5권 및 지도첩 제2권은 리히트호펜의 사후 그의 제자들에 의해 1911년과 1912년에 각각 출판되었다.

우리는 중국 대륙 조사에 기울인 선학들의 빛나는 문화적 유산과 지리학에 대한 열정에 힘입어 적응하기 어려운 환경과 생사의 기로를 수차례 넘나들며 오로지 중국 탐구의 지평을 넓히고자 혼신의 노력을 불살랐다.

불편한 교통 수단을 비롯한 여러 가지 악조건 속에서 아직까지도 인간의 손때가 묻지 않은 숱한 처녀지들을 통과하며 끝없이 광대한 땅 중국 대륙을 고작 7개월 정도 관찰했다는 것은 문자 그대로 수박 겉 핥기요, 주마간산에 지나지 않을지도 모른다.

그러나 아직까지도 지리학자들의 안목을 빌어 쓴 중국 탐구 여행기가 없는 것을 아쉽게 생각하여, 넉넉하지 못한 자료와 탐사 결과를 토대로 부족하나마 출간을 결심하게 되었다. 마침 지리학을 전공한 (주)푸른길의 김선기 대표이사와 인연을 맺게 되어 '지리학 삼부자의 중국 지리 답사기'(상 · 하)로 탄생하게 되었으니 그 감사함에 가슴이 온통 느껍기만 하다.

이 작은 책이 지리학의 영토를 한 뼘이나마 넓히는 데 긴히 쓰여지고, 나아가 한중 친선과 한한민족韓漢民族의 우애를 돈독히 함은 물론이요, 중국을 사랑하는 많은 여행가들의 길잡이가 되기를 바라는 마음 간절하기 이를 데 없다.

2004년 6월 부천 중동 우거에서

대표저자 서무송

상권 차례

Part 3 중국의 생명 창고 양쯔 강 유역

하권 차례

Part 6 백설에 뒤덮인 알타이

Part 7 세계의 지붕 티베트

중국 대륙 답사 경로도

알타이
(阿勒泰)
중가리아 분지
우루무치(烏魯木齊)
톈산 산맥
카스
(喀什)
아커쑤
(阿克蘇)
쿠얼라
(庫爾勒)
투루판
(吐魯番)
타클라마칸 사막
둔황(敦煌)
제2차 여행
(1990. 12. 13~1991. 2. 10)
허톈(和田)
쿤룬 산맥
거얼무(格爾木)
우다오량(五道梁)
티베트 고원
퉈퉈허(沱沱河)
히말라야 산맥
양바징(羊八井)
라사(拉薩)

모허(漠河)
시린지(西林吉)
만구이(滿歸)
자거다치(加格達奇)
우다롄츠(五大連池)
야커스(牙克石)
베이안(北安)
치치하얼(齊齊哈爾)
자무쓰(佳木斯)
제3차 여행
(1992.12.26~1993.1.30)
하얼빈(哈爾濱)
무단장(牧丹江)
창춘(長春)
훈춘(琿春)
퉁랴오(通遼)
옌지(延吉)
백두산
푸신
선양(沈陽)
바오터우(包頭)
베이징
(北京)
탕산
(唐山)
다롄(大連)
제4차 여행
(2001.1.13~1.24)
인천
서울
톈진
(天津)
옌타이
(煙臺)
위린(楡林)
웨이하이(威海)
지난
(齊南)
칭다오(靑島)
란저우(蘭州)
타이산 산
타이산
(泰山)
공자묘
뤄양
(洛陽)
바오지
정저우
(鄭州)
시안(西安)
쉬저우(徐州)
난징(南京)
상하이
(上海)
두(成都)
이창(宜昌)
우한(武漢)
싼샤
항저우
(杭州)
충칭
(重慶)
쯔궁(自貢)
창사(長沙)
난창
(南昌)
제1차 여행
(1988.7.15~8.15)
푸저우
(福州)
구이양
(貴陽)
타이베이(臺北)
구이린(桂林)
샤먼(厦門)
광저우(廣州)
홍콩(香港)
하이커우(海口)
싼야(三亞)

Part 1

동포들의 활동 무대 둥베이 지방

中國

01 내 고향 명월진으로

일제의 군화에 짓밟힌 통분의 가슴을 부여안고 정처없이 북으로 북으로 가다가 걸음을 멈춘 곳이 연해주의 '리만' 이었다. 이대로 주저앉을 수 없다고 생각한 어른들은 젊은이들을 한데 모아 반일 유격대를 조직하고 한·중 국경 지대로 이동, 백두산록을 중심으로 활동하였다. 북간도의 룽징龍井에서 쫓기면 허룽和龍으로, 왕칭王清 백초구百草溝로, 다시 수해樹海를 헤집고 명월구明月溝(현재의 안투安圖)와 둔화敦化로 전전하면서도 조상들은 항일 투쟁의 의지를 꺾지 않았다. 이런 와중에 북간도에서 태어난 나는 그 곳에서 유소년 시절을 보냈으며 조상들의 뼈 또한 그 땅에 묻었다. 내게 있어 북간도는 말 그대로 그리움이 사무치는 고향이다.

1945년 8월 10일을 전후하여 일본군 최정예라고 일컫던 관동군은 지리멸렬 도망을 쳤고, 소련군이 탱크를 앞세우고 입성하였다. 남녀노소 가릴 것 없이 일장기로 속성 태극기를 만들어 손에 손에 들고 거리로 쏟아져 나왔다. 목이 터져라 불러 대던 이국 땅에서의 대한 독립 만세! 아무도 통제하지 않았어도 사람들은 자연스럽게 대오를 이루면서 시가를 행진하였다.

1992년 12월 제3차 둥베이 지방 탐구 여행에 앞서 출발 예배를 드린 후 김진춘 목사님과 기념 촬영을 하였다. 가운뎃줄 왼쪽은 나의 자랑인 외손녀 장한나(첼리스트)이다.

그러나 감격이 채 가시기도 전, 팔로군과 국부군의 내전이 날로 치열해져 수많은 청년들이 팔다리를 잃거나 생명을 잃는 등 심각한 상황에 직면하였다. 이에 아버지의 형제들 중 유일하게 아들을 둔 우리 어머니는 겁에 질려 서둘러 두만강을 건너셨다.

그리고 자그만치 47년이 지난 1993년, 나는 사랑하는 아들(인명)과 함께 다시 그 땅을 밟았다. 꿈에서도 잊을 수 없던 고향 명월진과 조상님들의 산소며 둥베이 지방에 대한 그리움이 탐구 여행이란 형태로 실행된 것이다. 다롄大連에서부터 선양沈陽, 창춘長春, 지린吉林, 안투安圖까지는 열차를 이용하여, 옌볜延邊 조선족 자치주 내에서는 소형차를 대절하여 5일간 추억의 탐구 여행을 시작하였다.

둥베이의 관문 다롄(大連)

산둥 반도山東半島의 웨이하이威海를 떠난 배가 닻을 내린 곳은 둥베이東北 지방의 관문 다롄大連이었다. 아름다운 항구 도시 다롄은 랴오닝 성遼寧省 제2의 도

둥베이 지방의 경제 중심지이자 랴오닝 성 제2의 도시인 다롄의 중심부 모습.

시이자 중국의 주요 대외 무역항일 뿐 아니라 저명한 관광 도시이며 군사적으로도 매우 중요한 연안 개방 도시로 둥베이 지방의 주요 경제 중심지이다.

다롄은 랴오둥 반도遼東半島의 최남단에 위치하고 있어 산둥 반도와 마주하며 황해와 보하이 해渤海의 경계가 되고 있다. 지형적으로는 랴오둥 반도를 종관하는 첸산 산맥千山山脈의 끝부분에 해당하여 저산성 구릉지를 이룬다.

행정 구역상 총 6구區와 3현縣을 관할하는데 그 전체 면적은 12,574km^2이다. 이 가운데 시구의 면적은 103km^2이고 인구는 236만여 명이다.

1898년 제정 러시아의 조차지가 되었다가 1904년 러 · 일 전쟁 후에는 일본 군국주의의 강점하에 있었다. 그 후 1945년 승전으로 40여 년간의 식민 통치를 종식하였다. 도시명은 1960년에 뤼다旅大로 바뀌었다가 1981년 다시 다롄大連으로 회귀하였다.

다롄 시가 내려다보이는 바이윈 산(白雲山) 정상의 텔레비전 송신탑과 산록에 자리잡은 지진 연구소.

◐ 선다(沈大) 고속 도로를 달리는 남루한 장거리 고속 버스. 승객은 만원이요, 버스 지붕에는 2톤 트럭에나 실릴 만한 화물이 실려 있어도 버스는 정신없이 달리고 또 달린다.

◐ 한겨울 비닐 온실 손수레에 여러 가지 김치와 짠지를 놓고 판매하는 동포 아주머니. 중국에서 김치 장사를 하시는 분들은 거의 조선족이므로 이들을 통해 많은 여행 정보를 쉽게 얻을 수 있다.

청의 발상지 선양(瀋陽)

선양 시는 인구가 많고 어디를 가나 복잡하여, 처음부터 이 곳에 거주하는 정광봉鄭光鳳, 윤산화尹山花 씨 내외의 도움을 받았다.

랴오닝 성遼寧省의 성회省會(성의 수도)이자 상하이上海, 베이징北京, 톈진天津, 충칭重慶에 이은 중국 5대 도시인 선양은 둥베이 지방 남부에 위치한 광활한 랴오허遼河 평원의 중심부에 자리잡고 있다. 시구 면적은 3,495km²이고 인구는 500만 명을 헤아린다. 각종 공업이 고루 발달한 종합 공업 도시로 둥베이 3성(지린, 랴오닝, 헤이룽장 성)의 정치, 경제, 문화, 관광, 교통의 중심이 되고 있다. 역사적으로는 청나라의 발상지로서 중국의 대표적인 역사 · 문화 도시의 하나이다. 1625년 청 태조 누르하치가 랴오양遼陽에서 이 곳으로 수도를 옮겼으며, 1644년 태종이 베이징으로 천도한 뒤에도 매우 중요시되었다. 그래서 이 곳에는 청 왕조와 관련된 유적과 유물이 많이 있다.

⮝ 도시마다 마오 쩌둥의 동상이나 석상이 흔하다. 중국에서 마오 쩌둥은 때로 무사고를 기원하는 수호신으로 자동차에 장식될 정도로 신격화되어 있다.

선양 고궁(瀋陽故宮)

선양 고궁은 중국에 현존하는 2개의 제왕 궁전 건축군 중 하나이다. 청나라 초에는 황궁이었으나 베이징으로 천도한 후에는 봉천행궁奉天行宮으로 이름이 바뀌었다. 1644년에는 청 세조가 이 곳에서 제위에 오르기도 했다.

이 곳에 궁궐을 짓기 시작한 것은 후금 때로 천명 10년인 1625년이다. 청 숭덕 원년(1636)에 이르러 기본적 건축이 완성되었으며, 이후 증축을 거듭하여 방옥房屋 300여 칸과 10여 개의 원락院落이 조성되었다.

선양 고궁은 베이징으로 천도하기 이전까지 청의 황궁이었다. 사진은 대정전(大政殿)인데 원래 대전(大殿)이라고 불렸었다. 청 태조가 대신들과 함께 정사를 살피던 곳으로 정면 양쪽에 방정(方亭) 10좌가 있다.

◐ 신도(神道)에서 바라본 비정(碑亭). 뒤쪽은 룽언먼(隆恩門)으로 자오링 방성의 첫 관문이다.

◑ 석패루는 랴오양 청석으로 제작된 일자형 4주 3루(四柱三樓)의 정교한 건축물로 사자 4쌍과 전설의 짐승인 해표 1쌍이 4개의 기둥을 지키고 있다.

자오링(昭陵)

일명 베이링北陵이라고도 하는데 청 태종 황태극皇太極과 효단孝端 문황후 보얼지지터博爾濟吉特의 능침이다. 관외 청대 3릉 중 규모가 가장 크며 격식을 갖춘 완벽한 능침으로 주변 풍광이 매우 아름답다.

◑ 자오링의 룽언먼(隆恩門) 벽 양쪽에 부조된 황제의 상징 용. 마치 살아 움직이는 듯 역동감이 넘친다.

기본적 건축물은 1643년부터 1651년에 걸쳐 완성되었고, 1801년에 이르러 비로소 완공되었다. 면적이 약 450만 m^2에 이르며, 화려한 건축물과 조각상들이 즐비한 이 곳의 주된 건축물은 모두 중심선상의 양쪽에 대

○ 푸른 벽돌로 쌓아 올린 장방형의 방성(方城) 동쪽 각루(角樓) 쪽에 올라 명루(明樓) 쪽을 바라본 모습. 황색 유리 기와로 만들어진 용마루와 추녀 및 박공의 은은한 곡선미는 고건축군이 보여 주는 아름다움의 극치이다.

칭적으로 배치되었다.

하마비下馬碑에서 정홍문正紅門에 이르는 전부와 정홍문에서 방성方城에 이르는 중부를 지나면, 방성과 웨야청月牙城 및 바오청寶城으로 구성되어 있는 후부에 이르는데 바로 능침의 주체가 되는 곳이다. 바오딩寶頂 아래에는 거대한 지궁地宮이 있으며, 바오딩의 배후에는 인공적으로 조성한 룽예 산隆業山이 있다.

황구취(皇姑區)의 명렴 교회

아침 식사를 마치고 윤산화 씨의 안내로 황구취皇姑區 밍롄로明廉路 밍중리明忠里 35호에 위치한 기독교 명렴로 예배당을 방문했다. 교회의 창립자 유학성兪學聖 장로는 지난 밤 꿈에 우리 부자의 방문을 계시받았노라 하며 반갑게 맞이해 주었다. 아직은 목사가 없어 유학성 장로가 담임하고 있는 이 교회의 총 교인수는 200명 내외로 비교적 안정된 상태였다. 약 50평 규모의 예배당에 250석의 의자가 있고 강단과 풍금, 제단의 소박한 장식 등 비교적 알뜰한 느낌이었다. 교회

황구취 명렴 예배당의 창립자이자 교회 담임인 유학성(가운데) 장로와 함께 예배당 앞에 섰다.

마당도 100여 평에 교역자의 주택까지 마련되어 있었다.
중국의 교회는 우리 나라처럼 마음대로 개척되는 것이 아니다. 정부에 허가 신청서를 제출하면 현장 조사를 거쳐 결격 사유가 없어야 교회의 설립이 허가된다. 우리 나라처럼 복잡하게 얽힌 수많은 교파의 난립과는 전혀 다른 모습의 중국식 무교파 기독 교회가 오히려 신선한 모습으로 다가왔다.

중국인들은 전통적으로 청색과 붉은 색을 무척 좋아한다. 특히 붉은 색의 문틀은 잡귀를 물리친다는 토속 신앙에 바탕을 두고 있다. 모녀 3대가 외래 손님에게 시선을 맞추고 있다.

지린 성의 성회 창춘(長春)

둥베이 지방에는 약 300만 명의 우리 동포들이 살고 있으며 이들 대부분은 옌볜延邊 조선족 자치주에 모여 산다. 하지만 둥베이 3성 어디를 가도 우리 동포를 만날 수 있었으며 그들은 살가운 동포애로 우리 일행을 도와주었다.
그들이 주선하는 호텔과 그들이 경영하는 식당을 이용하거나, 그들의 안내를 받아 시내를 관광하고 동포들 마을을 찾아다니면서 그들의 삶을 마음 깊이 이해할 수 있었다. 때로 호텔 요금이 지나치게 비싸다 싶으면 동포들의 집에서 숙식을 하며 애틋한 동포의 정을 나누기도 하였다. 그러다 간혹 남한에 적대감을 가진 사람들을 만나기도 했지만, 잠깐 이야기하다 보면 쉽게 오해를 풀고 스스럼없이 대해 주는 소박함을 보여 주기도 했다.
12월 29일 오후 7시 30분 정광봉 씨 내외의 도움으로 선양발 창춘행 특급 열차를 탔다. 열차는 힘차게 달려 새벽 1시에 창춘역에 도착하였다.
출찰구를 나서는데 느닷없이 옆으로 나오라는 역무원의 주문이 있었다. 이유인

즉, 배낭이 크니 추가 요금을 내라는 것이었다. 중량을 달아 보더니 각각 6kg씩 초과했으므로 12원의 추가 요금이 필요하다기에 얼른 지불하고 자리를 피했다. 늘 이런 식으로 외국인의 주머니를 터는 중국인들의 억척 같은 우악스러움에 갑작스레 짜증이 났다. 우리는 창춘역 광장으로 나와 어렵사리 택시를 타고 외인 호텔로 가기를 부탁했다.

아침 식사를 끝내고 배낭을 호텔 수화물 보관소에 맡긴 다음 창춘 전통 시장과 박물관, 백화점 등을 돌아보는 한편, 중학 시절 진학하려 했던 옛 신경 건국 대학을 찾아갔다. 이 대학은 1958년 둥베이 인민 대학에서 지린 대학吉林大學으로 개명되었는데, 규모나 시설면에서 명실상부한 종합 대학으로서의 면모를 갖추고 있었다.

선양 거리의 구두 수선공. 추위가 심하여 솜을 넣어 손수 제작한 방한용 덧신이 눈에 띈다.

지린 성吉林省의 성회 창춘長春은 이퉁 강伊通河 연안에 위치해 있으며 쑹랴오 평원의 중부 지역으로 지린 성의 정치, 경제, 교통, 문화의 중심지이다. 면적은 18,881km²이고 인구는 약 203만 명(1998)이다.

청나라 말 산둥 성 사람들에 의해 개척되기 시작한 창춘은 러시아가 둥칭 철도東淸鐵道를 부설한 이후부터 둥베이 대평원 중앙부의 교통의 요지가 되었으며, 일본이 세운 만주국 시절에는 만주국의 수도가 되기도 했다. 1954년 지린 성의 성회가 되었다.

1976년 3월 8일 오후 3시에 지린 시 북쪽에서는 지린 성을 세계적으로 유명하게 만든 사건이 발생하였다. 바로 지린 운석우吉林隕石雨라고 하는 것인데 수많

중국은 어디를 가나 짙은 안개와 대기 오염 물질이 만들어 낸 스모그 현상이 매우 심각하다. 한낮에도 도시의 가시 거리가 500m 내외에 불과하다. 화석 연료인 석탄과 석유의 사용량이 날로 증가하고 있기 때문이다.

◉ 중국인들은 설날, 즉 춘제(春節)를 앞두고 대문이나 가옥의 기둥에 붙일 기복지(祈福紙)를 많이 구입한다. 방대한 대륙이어서 춘제의 휴일 분위기는 대략 정월 보름까지 계속 유지되는데 이 기간에는 우리의 설 풍습처럼 가족과 친척이나 이웃을 방문하면서 서로 음식과 덕담을 주고받는다. 또한 춘제 분위기를 무르익게 하기 위해서 저녁에는 폭죽을 터트린다. 그러나 이 기간 중 여행객들은 숙식을 해결하기가 매우 어려워 당혹스럽기만 하다.

서역에서 온 웨이우월족은 중국 어느 지역을 가나 설 자리만 있으면 건포도 장사를 시작한다.

"아이 하나만 낳으면 영광스럽고 많이 낳으면 수치스럽다." 거리마다 눈에 띄는 산아 제한 표어는 인구 증가의 심각성을 보여 준다.

나의 중학 시절 한동안 진학을 꿈꾸었던 옛 신경 건국 대학의 모습. 지금은 지린 성의 학예를 대표하는 지린 대학으로 이름이 바뀌었다.

은 운석들이 동서 72km, 남북 5.5km, 면적 400km² 지역 내에 떨어진 사건이다. 당시 수집된 운석만도 100여 개로 총 중량 2,700kg에 달하며, 이 가운데에는 무게 1,770kg에 길이 1m 20cm, 넓이 1m, 높이 80cm, 둘레 3.6m의 거대 운석도 포함되어 있었다고 한다.

고향 땅 안투(安圖)

인산인해를 이룬 창춘역에서 무거운 배낭을 짊어지고 빠져나갈 엄두를 내지 못하고 있었는데 다행스럽게도 창춘 철도청에 근무하는 김금난金今蘭 씨의 도움으로 오후 6시 40분 안투행 열차에 올랐다.

나는 백두산 진입로의 큰 길목인 안투 현安圖縣 명월진(밍웨 진明月鎭)에서 출생하였다. 고향으로 간다는 설레임과 할아버지의 산소를 찾아 이장하겠다는 비장한 각오로 반 세기 만에 찾는 고향 명월진……. 마음은 이미 고향의 거리를 어지

럽게 배회하고 있었다.

자는둥 마는둥 새벽 4시에 안투역에 도착했는데 희미한 전등불 아래로 보이는 모습은 하나도 달라진 것이 없었다. 옛 모습 그대로인 추억의 역사와 역전 광장. 그 옛날 '이시보시'란 이름의 여객용 말마차가 있던 곳에 자리한 백산白山호텔에서 이틀 밤을 묵기로 하고 입실 수속을 마쳤다.

12월 31일 안투는 영하 3°C의 비교적 온화한 날씨였다. 추억을 더듬기 위해 걸어서 시내로 들어갔다. 그 옛날 철도 건널목도 아직 그대로이고, 어린 시절 재미로 건너던 철교도 변함이 없었다.

태평양 전쟁 때 일제가 소위 '조선인 특설 부대'라는 이름으로 우리 청년들을 무장시켜, 백두산을 근거로 투쟁하는 항일 유격대와 동족 상잔의 비극을 연출케 했던 바로 그 병영 자리가 지금의 자유 시장이다.

시장에 들러 열심히 호객하는 할머니들을 붙잡고 미친 듯이 여기가 내 고향이라고, 1945년 겨울부터 이듬해 봄까지 장개석 군대와 모택동 군대가 싸우는 틈에

⬆ 반 세기 만에 설레는 마음으로 찾은 나의 고향 안투(安圖). 추억의 명월구(明月溝) 역사와 역 광장은 거의 옛 모습 그대로이다.

옛날의 조선인 특설 부대란 이름의 병영 자리는 자유 시장으로 변하였고, 순박한 농촌 주부는 수탉 한 마리를 사 들고 즐거워한다.

두만강을 건너갔노라고, 그리고 50년이라는 멀고 먼 여행 끝에 이제야 고향에 왔노라고 호들갑스레 열변을 토해 댔다. 유년 시절 다니던 해성 학교와 동생들이 다니던 명월구 소학교, 물 건너 할아버지 산소며 성당 구내 수녀원의 당시 정경들도 벅찬 마음을 실어 설명했다.

천지를 뒤바꿔 놓듯 동서남북으로 원래의 거민을 분산시킨 새로운 인구 정책이 중국 정부에 의해 시행된 지 오래지만, 그들은 낯선 기색 하나 없이 마냥 반가워했다. 특히 내 또래의 사람들은 서울서 왔다는 옛 고향 친구를 반기며 스스럼 없이 부둥켜안아 주기도 했다.

시내를 관류하는 부얼하퉁 강布爾哈通河의 지류인 창싱 강長興河과 푸싱 강福興河이 거의 열십자로 합류하는 복잡 미묘한 지점에서 석회암으로 된 하안 단구와 단구애 아래에 발달했던 시가지……. 그러나 3단으로 이루어진 단상지에 자연 발생적으로 입지한 옛 시가지는 간 곳 없고, 성토와 굴토로 땅을 고르고 새로운 시가지가 들어서 있었다.

내가 살던 집터는 어림할 수 있으나 굴토와 성토의 결과로 전혀 달라진 지형. 그나마 침식 단구 아래에 자리잡았던 해성 소학교와 성당, 수녀원은 그 자리에 남아, 기억을 더듬어 재구성할 수 있는 기준점 역할을 해 주었다. 성당은 창고로 변해 있었고, 수녀원은 모두 삭아 떨어진 함석 지붕만 가까스로 옛 모습을 간직한 채 허름한 구두 수선점과 분식점, 구멍가게 등의 잡화 상가로 변해 있었지만 이마저도 없었다면 어찌 했으랴.

하천의 침식 작용으로 만들어진 단구애. 그 아래의 붉은 벽돌집은 8.15 광복 직후 공연장으로 이용되었는데 지금까지도 잘 보존되어 있었다.

다 낡은 함석 지붕의 서양풍 2층 건물이 옛 모습 그대로의 독일 수녀원이다. 다만 파란 눈의 독일 수녀들은 간 곳 없고 상점 간판들만 어지러히 붙어 있다. 수녀원 좌측에 성당 건물이 보인다.

중국은 어느 지역을 가나 장거리 버스를 값싼 운임으로 편리하게 이용할 수 있다. 하지만 대부분 폐차 직전의 수준이어서 불편함을 감수해야만 한다.

어지러운 시야에 희미하게 '기독교회 안도교회'란 간판이 들어왔다. 정신을 가다듬고 교회문을 열고 사람을 찾으니 젊은 집사 한 사람이 의심스런 표정으로 우릴 맞았다. 때는 정오라 찾아온 목적과 뜻을 전하고 점심을 같이 먹자고 청하니 쾌히 승낙했다. 안내된 곳은 50년이란 세월과 모진 풍상에 시달린 처참한 몰골의 독일 수녀원 바로 옆 '조선랭면관'이었다. 집사의 식성에 따라 음식을 주문하고 또 필요한 것은 없느냐고 했더니 백알 한 병을 선뜻 달라 했다.

나의 소년 시절의 할아버지는 서 선달님, 어디를 가나 서희연徐熙連이란 이름자 대신 서 선달님으로 통하였다. 그런 할아버지를 따라 다니던 붉은 벽돌로 된 명월구 중앙교회는 간 곳 없고 그 터조차 어림할 수 없었다. 마침내 부얼하통 강을 건너, 8.15 광복 두 달 전에 돌아가신 할아버지 산소를 찾아보았다. 그러나 부근 일대는 흔적은 고사하고 한 줌의 흙조차 얻을 수 없는 거대한 양조장으로 변해 있었다. 그야말로 통한의 반 세기가 야속하기만 하였다.

02 옌볜 조선족 자치주

옌볜 조선족 자치주延邊朝鮮族自治州는 지린 성吉林省 동부에 있는 자치주로 지린 성 면적의 약 1/4에 해당하는 43,547km²를 차지하고 있다. 조선 말기부터 우리 민족이 이주하여 개척한 지역으로 이전에는 북간도北間道라고 불렸다. 인구는 약 219만 명(1998년)으로 그 중 조선족 점유율이 60.8%에 이르고, 중국어와 조선어를 공용어로 병용하는 지역이다.

행정 구역상 주도인 옌지延吉를 비롯해 훈춘琿春, 룽징龍井, 두만강 연안의 투먼圖們, 무단 강 상류의 둔화敦化 등 5개 시와, 백두산과 접하여 오지에 속하는 안투安圖와 두만강 상류 지역을 차지한 허룽和龍, 자치주의 북쪽을 차지한 왕칭汪淸 등 3개 현으로 이루어져 있다.

기후는 대륙성 기후이나 변화가 잦고 산림이 많기 때문에 하천의 수량이 풍부하다. 연평균 기온은 2~6℃, 1월 평균 기온은 −14.1℃, 7월 평균 기온은 21.6℃이고 연 강수량 500~700mm이다.

자치주 내에는 세 개의 하계망이 흐르는데 첫째는 가야 강嘎呀河, 하이란 강海蘭河, 부얼하퉁 강布爾哈通河, 훈춘 강琿春河 등 두만강 수계이고, 둘째는 징포 호鏡

중국인들이 가장 많이 이용하는 교통 수단은 자전거나 운반용 수레 자전거이다. 사진은 옌지 시청 근처의 대로변을 차지한 자전거 주차장.

泊湖를 거치는 하천들과 징포 호를 거치지 않고 직접 무단 강牧丹江으로 유입되는 하이랑 강海浪河 등 무단 강 수계이며, 셋째는 뤄쯔거우羅子溝 분지에서 집수되어 헤이룽장 성을 거쳐 러시아의 우수리스크를 지나 블라디보스토크 만으로 유입되는 라즈돌나야Razdolnaja 수계이다. 이들 중 최대 유역을 가진 하천은 두만강 수계이며 다음은 무단 강 수계, 라즈돌나야 수계의 순이다.

자치주 서북쪽에는 지린 성의 옛 수도인 지린吉林 시, 남서쪽에는 훈장渾江 시가 자리하고 있고, 북쪽으로는 헤이룽장 성, 동쪽으로는 러시아의 연해주와 경계를 이룬다. 남쪽은 민족의 성산 백두산 천지에서 두만강을 따라 하구에 이른다. 특히 두만강 하구 부근은 한 · 중 · 러 등 세 나라의 경계가 맞물려 예부터 녹둔도鹿屯島를 둘러싼 영유권 문제가 민족적 관심사로 부각되어 온 곳이기도 하다.

우리 선조는 증조부대에 러시아령의 리만을 거쳐 북간도에 들어왔다. 나는 백두산 근처의 명월진에서 태어났지만 초등 학교는 외가인 왕칭 현 백초구(바이차오거우百草溝)에서 다녔다. 두 분의 고모 중 한 분은 룽징 시 카이산툰開山屯에 살았으며, 하나밖에 없는 누님은 훈춘 하고도 오지인 두만강 하류부의 징신 촌敬信

1930~40년대보다 오히려 퇴보한 백초구(바이차오거우)의 주거 모습

村 사구 지대로 출가하였고, 외삼촌들도 널리 분산되어 살았다. 이처럼 가까운 친족들이 도처에 살고 있는 만큼 이 지역은 나의 타고난 여행벽을 충족시키는 데 더없이 좋은 활동 무대가 되었다.

자치주의 주도 옌지(延吉)

옌지 시는 옌볜(연변) 조선족 자치주의 주도로서 자치주의 중심부에 입지한 정치 · 경제 · 문화의 중심지이다. 총 면적 1,350km²에 25만 명의 인구를 수용하고 있는데 이 중 조선족 점유율이 59%이며 한족 40%, 기타 1%의 비율이다.

민족 구성을 살펴보면 조선족, 한족, 만족, 몽고족을 비롯한 11개 민족으로 구성되어 있는데 중앙 정부의 합리적인 소수 민족 육성 정책으로 이들 소수 민족들은 민족 간의 유대를 돈독히 하며 국가 건설에 이바지하고 있다.

또한 옌지延吉라는 지명은 '길한 숲, 길한 땅' 이라 일컬어지는 '지린吉林' 의 연속을 뜻한다고 하는데 실제로 지린에서부터 옌지까지 원시림 지대가 연속되고

고깔을 쓴 것 같은 지린 성 옌지 현 백초구진의 벼 저장 시설. 우리 동포들이 생산한 벼는 중국에서 가장 미질이 좋은 쌀로 평가받아 베이징의 고급 간부용으로 공급된다.

옌지(延吉)에서 백초구로 가는 대황구(다황거우) 노변에 자리잡은 목탄 제조장. 이 집단 숯가마 시설에서 생산한 숯은 전량 수출된다.

있어 적절한 지명이란 생각이 든다.

옌지 시는 1952년 옌볜 조선족 자치주의 성립과 더불어 자치주의 주도로 지정되었는데 이와 함께 지역의 주체로 등장한 대한 제국의 후예들은 우리 민족 고유의 문화와 풍속 등 전통을 잘 유지하고 보전해 왔다. 이러한 사실을 반영하듯 옌지와 룽징에는 우리 조상들이 사용하던 전통 가구와 농기구 및 민예품들을 전시한 민속 박물관이 건립되어 있다.

뿐만 아니라 옌지 북쪽의 이란거우依蘭溝, 북서쪽 구청古城의 왕위거우王隅溝와 싼다오거우三道溝, 오지인 핑강平崗 등지는 항일 유격대 기지가 있던 곳으로 우리의 민족적 자부심을 일깨워 준다.

◐ 룽징 민속 박물관 입구를 지키고 있는 지하 여장군. 소나무 고사목의 뿌리를 이용한 여 장승의 해학 속에 애교가 가득하다.

문화 도시 룽징(龍井)

옌볜 조선족 자치주의 남동부에 자리잡은 룽징 시는 면적 2,586km²에 인구 30만 명의 소도시이다. 일찍이 대한 제국의 후예들에 의해 개척된 문화 · 교육 도시로서 우리의 독립 운동은 이 곳을 근거지로 조직화되어 나갈 수 있었다.

대성학원, 은진학원, 명신학원 등을 사찰하며 독립군과 애국 동포들을 탄압하던 악명 높은 옛 일본국 총영사관 건물에는 오늘날 룽징 시정부가 들어서 있었다. 그러나 당시의 건물 모습 그대로 잘 보존되고 있어 지난날의 치욕의 역사와 수모를 상기시켜 주는 역할을 한다.

한편 룽징 시의 인구 구성은 우리 동포가

60%, 한족 39%, 기타 1%로 조선족과 한족 간의 유대도 원만하며 일부 동화가 이루어진 경우도 있다.

시역의 남쪽은 두만강 상류 지역으로 백두산록에 해당하여 항일 독립 투쟁사와 밀접하게 연관되어 있다. 또한 하이란 강의 룽먼 교龍門橋를 비롯하여 룽징의 지명을 얻게 된 룽징 샘龍井泉 등은 선열들의 애국심을 되돌아보는 산 교육장으로 활용하기에 충분하다.

옌볜 조선족 자치주의 문화 도시이자 교육 도시로 이름이 나 있던 룽징(龍井) 시 근교의 초라한 마을 모습은 반 세기 전과 별반 다르지 않았다.

북한과 접한 국경 도시 투먼(圖們)

투먼 시는 두만강 중류부에 위치하며 상공업이 비교적 발달한 국경 도시이다. 투먼圖門이란 만주어로 '많은 하천들이 합류한다'는 뜻인데 실제로 이 곳에서는 부얼하퉁 강布爾哈通河과 가야 강嘎呀河이 합류하는 것을 볼 수 있다.

◘ 북한의 남양과 중국의 투먼 시를 이어 주는 투먼 대교(남양 대교). 옛날에는 이 대교가 좁을 정도로 많은 사람이 왕래하였으나, 지금은 인적이 끊겨 하루에 겨우 몇 사람만이 이용할 뿐이다. 고향을 다녀오는 아주머니와 강 건너 멀리 건물 중앙에 김일성 초상화가 보인다.

투먼 대교의 중국 측 문루로 전망대가 있다. 전망대에서는 북한 지역을 관측할 수 있을 뿐 아니라 잡다한 북한 생필품이나 우표, 화폐 등을 기념품으로 구입할 수 있다.

1956년 시가 설치된 이래 발전을 거듭하여 오늘에 이르렀는데 면적은 1,300km^{2}이고 인구는 10여만 명이다. 그 중 조선족의 비율이 59%로 한족의 40%에 비해 우세하고 기타 소수 민족이 1%를 차지한다.

투먼에서는 강 건너로 함경북도 온성군 남양면 남양읍이 보인다. 강 위에는 투먼과 북한의 남양읍을 연결하는 다리가 놓여 있다. 중국 쪽에서는 투먼 대교, 북한 쪽에서는 남양 대교라고 부르는 이 다리는 과거에는 국경을 오가는 인파들로 북적였었다. 그러나 요즘은 북한의 폐쇄 정책으로 인해 하루에 몇 사람만이 쓸쓸히 오가는 이름뿐인 대교가 되어 있다.

투먼에서 두만강 하류 쪽으로 물길을 따라 16km, 직선거리로 8km를 가면 우리나라의 극북인 온성군 유포면 유원진이 건너다보인다. 이 곳은 투먼과 훈춘 사이의 국도변이어서 택시와 버스편으로 쉽게 갈 수 있다.

봉오동(펑우둥鳳梧洞) 저수지의 북동쪽 골짜기 차오마오딩쯔草帽頂子 안골은 일제 침략자의 기를 꺾고 독립군의 사기를 드높인 유명한 전적지이다. 1920년 6월 7일 조선 독립군 제1군 사령관인 홍범도 장군이 이끄는 독립군 400명이 잠복하고 있다가 남양 주둔 일본군 수비대 300명을 전멸시킨 곳이다.

○ 두만강 건너에서 바라본 우리 나라의 극북 유원진 일대. 농가로 위장한 듯한 독립 가옥에는 북한군 경비 병력이 상주할 것으로 보여진다.

○ 유원진의 모습을 촬영한 투먼과 훈춘 사이의 국도변.

꽁꽁 얼어붙은 두만강을 가로지르는 철교 위로 북한의 화물 열차가 넘어오고 있다. 귀로에는 곡물과 유류 등을 실어 간다.

새로운 무역 도시 훈춘(琿春)

하류의 평야 지대에서 하천의 잦은 유로 변경으로 물길이 그물망처럼 얼기설기 발달한 것을 망상 수계網狀水系라고 한다. 훈춘 시는 이러한 망상 수계의 훈춘 강琿春河 유역을 중심으로 두만강 하류 지역을 차지한 도시이다. 위치상으로 조선족 자치주의 동부에 해당하며 한 · 중 · 러 삼국의 경계를 이루고 있다. 전체 면적은 5,290km²이고 인구는 약 17만 명으로 조선족, 한족, 기타의 비율이 각각 56 : 40 : 4이다.

지역 내에는 징신 촌敬信村 사구 지대와 쓰다오파우쯔四道泡子에서 쥬다오파우쯔九道泡子에 이르는 쌍쌍이 하적호(우각호) 9개가 있어 옛날의 두만강 유로를 연상케 한다. 특히 하구부에는 조선 초기부터 줄곧 우리의 영토로 알려진 녹둔도鹿屯島가 있다.

한편 훈춘은 UNDP의 계획에 따라 북한의 나진과 러시아의 포시에트, 중국의 훈춘을 잇는 소삼각 권역에 포함되면서부터 국제 개방 도시의 위상에 걸맞게 촌

○ 나귀 마차에 땔감을 싣고 와 판매하는 파안의 농부. 뒤편에는 현대식 빌딩이 공존한다. 중국의 연안 국경 개방 도시인 훈춘(琿春)은 만주어로 '변경'을 뜻하지만, 이제는 두만강 유역 개발의 중심부로 전광석화처럼 빠르게 발전하고 있다.

각을 다투며 변화를 거듭해 가고 있다. 그러나 전광석화처럼 질주하는 도시의 변화상은 그 빠르기를 제어하지 못하고, 지역에 따라 과거와 미래가 한 공간 안에 공존하는 만화경 같은 풍경을 연출해 내고 있었다. 앞으로 두만강 하구에 갑문식 운하가 개발되고 한, 중, 러 3국의 국경 교역 도시로 발전해 간다면 지역의 활성화에 크게 기여할 것이다.

○ 구소련이 붕괴하면서 많은 군수 물자들이 유출된 탓에, 이 여인도 추위를 견디기 위해 소련군 대위 계급장이 아직 그대로인 군용 오버 코트를 입고 있다.

귀로에 북한 쪽의 동정을 살펴보았지만 적막에 쌓인 어둠만이 눈앞을 가로막았다. 끊어진 온성 다리로 들어가 북한 초소를 무심코 바라보기도 했지만, 우리를 주시하는 초병의 차갑고 음산한 눈초리가 오히려 한 민족이 아니었다면 그나마 덜 서글펐을 거라는 생각에 가슴이 막혀 금방 뒤돌아서고 말았다.

매서운 추위에도 불구하고 얼어붙은 강 한가운데에 구멍을 뚫고 빨래를 하는 여인. 억척스러웠던 우리네 과거 생활상을 떠올리게 한다.

둔화(敦化)

둔화 시는 옌볜 조선족 자치주에서 최대 면적을 가진 도시이다. 자치주의 북서부를 차지하며 면적은 11,900km²이다. 인구는 총 45만 명이지만, 자치주 내 다른 시와 달리 9 : 1로 한족이 수적으로 우세하고 조선족이 열세한 유일한 지역이기도 하다.

둔화 시의 중심부에서는 남북으로 75km, 동서로 70km에 달하는 다스터우大石頭 충적 평원이 전개되고 있다. 이 평원은 면적이 자그마치 4,000여 km²에 달하며 북서쪽에 장광차이링張廣才嶺, 서쪽에 웨이후링威虎嶺, 동쪽에 다헤이링大黑嶺, 남쪽에 무단링牧丹嶺 등 노년기의 저산성 산지들에 의해 둘러싸여 있다.

시의 동쪽 끝에서 징포 호鏡泊湖가 시작되는데 이 곳으로 유입되는 무단 강牧丹江은 분지 내에서 얼기설기 망상 수계를 이루어 전답 개발에 더없이 좋은 입지 조건을 제공하고 있다. 주변의 노년기 산지에는 원시림의 바다가 전개되고 있어 이 무진장한 임산 자원을 바탕으로 제재 및 목제품 가공 공업이 발달하여 지역 경제 발전의 일익을 담당한다. 시의 남부에서 남동류하는 푸얼 강富爾河 유역은 백두산 동식물 보호 구역 내에 속하여 자연 보호에 각별한 행정력이 집중되고 있다.

안투 현(安圖縣)

옌볜 조선족 자치주의 서남부를 차지하고 있는 안투 현은 백두산을 포함한 백두산록의 원시림 지대를 끼고 있을 뿐 아니라 일제 강점기 독립 운동의 근거지로서 항일 무장 투쟁과 관련된 많은 사적과 유적을 간직한 곳이다.

총 면적 7,438km²에 인구는 20여만 명이며 조선족 27%, 한족 70%, 기타 3%로 한족이 수적으로 우세한 편이다. 행정 구역상 8향鄕 5진鎭과 296개 자연 촌락으로 구성되어 있다.

현의 북쪽에는 창투선長圖線 : 長春-圖門이 달리고 있다. 현 남부에는 넓은 범위에 걸쳐 바이허白河 분지가 전개되며 산림 철도의 성격이 짙은 훈완선渾灣線 : 通化-

안투 현 명월진(밍웨진)에 있는 자유 시장의 한산한 노점 상가. 한 상인이 카메라 앞에서 어색한 미소를 짓고 있다.

白河 철도 277km가 부설되어 있다. 백두산록의 무진장한 임산 자원은 바이허에 집산되어 산림 철도를 통해 인근 각지의 수요지로 송출된다.
지역 내에는 항일 전적지와 사적들도 많은데 그 중 밀림 속의 나이터우 산奶頭山(1,030m) 항일 유격대 기지와 마안 산馬鞍山 오지의 야오투안腰團 항일 전적지가 가장 유명하다.
한편 현 남쪽의 백두산 천지에서 북서진 하면 35km 거리에 또 다른 마안 산馬鞍山(1,334m)을 중심으로 시투딩쯔西土頂子(1,372m), 둥투딩쯔東土頂子(1,285m), 우메이딩쯔五梅頂子(1,262m), 추어차오딩쯔錯草頂子(1,195m), 훙투산쯔紅土山子(1,022m) 등 백두 화산에 부속된 자화산군이 있다.
천지 동쪽의 능선은 거의 위선과 평행하게 솽무펑雙目峯(1,532m)과 그 동쪽의 위안츠圓池, 남부의 츠펑赤峯(1,321m)까지 33km를 달린 다음 허룽 현계와 일치하여 북상한다.

허룽 현(和龍縣)

허룽 현은 룽징 시龍井市와 안투 현安圖縣 사이에 입지한 넓이 5,044km²의 현으로 백두산록의 원시림 지대와 두만강 상류 지역에 해당한다. 인구의 60%가 조선족으로 가장 많고, 나머지는 한족과 기타 민족으로 구성되어 있다. 행정 구역상 10향鄉 6진鎭과 421개의 자연 촌락으로 구성되어 있다.
현의 북부는 하이란 강海蘭江의 상류부에 해당하며, 이 곳에는 수많은 지류들에 의해 개석되고 침식, 운반, 퇴적된 핑강 평원平崗平原이 있는데 바로 바쟈쯔 진八家子鎭을 중심으로 한 침식 분지이다.
이 곳은 특히 우리 나라의 독립 운동사와도 밀접하게 연관되어 있는 곳이다. 따라서 현내에는 대한 독립 투쟁사와 관련된 많은 유적들이 산재되어 있다.
특히 허룽 현소재지 남서쪽 20km 지점에 있는 청산리靑山里 전적지는 김좌진 장군이 이끄는 우리 독립군이 일본군에 대승을 거둔 곳이다. 당시 청산리 직소

에 잠복한 800여 명의 독립군 소수 병력은 정예 일본군 3,000여 명을 섬멸하여 대승을 거두었다.

이 청산리 대첩은 일본 침략자들의 간담을 충분히 서늘하게 했다. 비록 이로 인해 일본군의 무차별한 보복이 가해져 무고한 많은 양민들이 학살되었지만, 독립

군과 우리 겨레의 사기는 충천해졌고 항일 의식도 더욱 고취되었다.

북부 지역에는 약수동藥水洞 항일 기념지, 워룽臥龍과 위랑 촌漁浪村 항일 유적지 등이 있으며 이와 관련된 야담, 가화들이 남아 있다.

이 밖에도 발해 유적지 등이 많아서 찾는 이의 마음을 절로 숙연하게 만든다. 바자쯔 진八家子鎭 동쪽의 룽하이龍海에 있는 발해 정효 공주묘와 장샹獐項의 발해 고묘, 창런長仁의 발해 고묘 등 발해와 관련된 유적들이 즐비하다.

은백색의 설원에서 아침해가 떠오른다. 백설에 뒤덮인 곳은 경지이고 경지 중심부를 미루나무 가로수와 함께 도로가 시원스럽게 개설되어 있다.

왕칭 현(汪淸縣)

왕칭 현은 옌볜 조선족 자치주의 8개 행정 단위 중 그 면적이 허룽 현에 이어 두 번째로 넓은 8,994km²이다. 북쪽은 헤이룽장 성과 경계를 같이하며, 인구 27만 명 중 조선족 34%, 한족 63%, 기타 3%의 비율로 우리 동포들이 수적으로 열세한 지역이다.

특히 북부의 라오예링老爺嶺과 하얼바링哈爾巴嶺, 현내를 남북으로 달리는 가오링高嶺과 라오쑹링老松嶺 일대는 밀림대를 이루어 인적이 드물고, 임업과 수렵을 생업으로 한 경제 활동이 활발하다.

역내에서는 두만강 수계인 가야 강嘎呀河이 현의 중심부를 북에서 남류하며, 현

1941년 2월에 졸업한 왕칭 현 백초구(바이차오거우) 보통학교 교무실 앞에서 기념 촬영을 했다. 건물의 일부는 현재 노인정으로 활용되고 있다. 오른쪽에서 세 번째가 보통학교 동기동창인 최하룡 씨이다.

동쪽의 뤄쯔거우羅子溝 분지에서 집수된 다쑤이펀 강大綏芬河은 헤이룽장 성을 거쳐 노령의 라즈돌나야 수계를 이루어 브라디보스토크 만으로 유입된다.

나는 외가가 있던 옛 왕칭 현소재지 백초구百草溝에서 유년 시절을 보내면서 독립군과 일본 수비대 간의 전투를 목격하였다. 때로는 장대 높이 효수된 독립군의 처절한 모습도 일본 영사관 옆의 수비대 영문 앞에서 보았다. 이 때의 무섭고 소름끼치는 느낌은 점점 일본에 대한 불타는 적개심으로 바뀌어 갔다. 당시의 충격이 얼마나 강렬했는지 새삼 실감이 난다.

왕칭 현내의 뤄쯔거우羅子溝 둥한東喊에는 뤄쯔거우 항일 유격대 기지가 있었고, 다싱거우大興溝 용수골 오부의 야오잉거우腰營溝에도 항일 유격대 기지가 있었으며, 샤오왕칭小汪淸 둥린東林 계곡에도 마춘馬村 항일 유격대 기지가 있었다.

이처럼 우리 조상들의 조국 광복에 대한 굳은 신념과 열정은 수많은 고귀한 생명을 제물로 바쳐 오늘의 번영된 조국을 이루게 했던 것이다. 우리가 국력 신장에 더욱 매진해야 하는 까닭이 바로 여기에 있다. 우리 선조들이 머나먼 이역의

중국 군복을 입은 외국인. 중국은 어디를 가나 민, 군, 관의 구별이 없이 군복을 즐겨 입는다. 따라서 주변의 관심을 멀리 하고 편하게 활동하기 위해서는 중국에 입국하는 대로 군복의 일부를 몸에 걸치는 것이 좋다.

이 한갓진 골짜기에서까지 흩뿌려야 했던 그 고귀한 피의 의미를 더 이상 무가치하고 무의미한 것으로 만들지 말아야 하기 때문이다.

03 [리포트] 잃어버린 땅 녹둔도

훈춘 쥬사핑과 두만강 연안의 사구 지대

내가 처음 경이로운 자연 환경을 관찰하고 흥미를 느끼게 된 것은 초등학교 5학년 때인 12살 되는 해의 가을로 기억된다. 누님이 시집을 가셨는데 하필이면 '장고봉長鼓峰 사건' 으로 유명한 두만강 하구 부근 훈춘 현 징신 촌敬信村 쥬사핑九沙坪이었다. 그 곳은 두만강을 사이에 두고 경흥 북쪽의 명사평明砂坪, 이헌옥二軒屋과 마주하는 사구 지대였다. 사구砂丘란 강가나 바닷가에서 강한 바람에 날려 쌓인 모래 언덕을 일컫는 말이다.

쥬사핑九沙坪과 타이핑 천太平川을 중심으로 한 부근 일대는 두만강의 범람원 지대여서 큰 비가 내리면 싼다오파우쯔三道泡子에서 쥬다오파우쯔九道泡子에 이르는 하적호에 의해 홍수가 조절된다. 반면 바람이 불기만 하면 사구가 이동하여 집을 몇 채씩 순식간에 집어삼킨다. 하지만 이러한 최악의 조건하에서도 쥬사핑에는 사람들이 집단 부락을 이루어 살았다.

쥬사핑의 이동성 사구 지대의 면적은 8km²인 데 비해 두만강 바로 건너편에 발달한 이헌옥과 명사평 일대의 사구지는 13km²로 그 규모가 약간 크긴 해도 두 지역 간에는 밀접한 연관 관계가 있다. 이헌옥~명사평 사구 지대와 백안동 사구 지대는 1,250m에 불과한 전형적인 사행목(meander neck)을 지나 주샤핑 사구 지대와 연결되는데 이러한 비사 현상飛沙現象은 사행목을 따라 서쪽에서 동쪽으로 진행된다.

이렇게 두만강으로 운반된 토사는 우리 나라의 두리봉과 조산 및 조갈암, 서수라를 육속시켜 육계도로 만드는 한편, 서번포와 만포 등의 거대한 석호도 만들어 냈다. 이렇게 만들어진 수많은 육계도와 육계 사주, 석호 등은 한 폭의 그림 같은 아름다움을 자아낸다.

한편 고산자 김정호의 대동여지도와 20세기 초의 1:50,000 지형도를 비교하다 보면, 두만강 하구의 아름다운 섬 녹둔도에 자연스레 눈길이 멈추게 된다.

훈춘 쥬사핑과 두만강 연안에 발달한 사구 지대

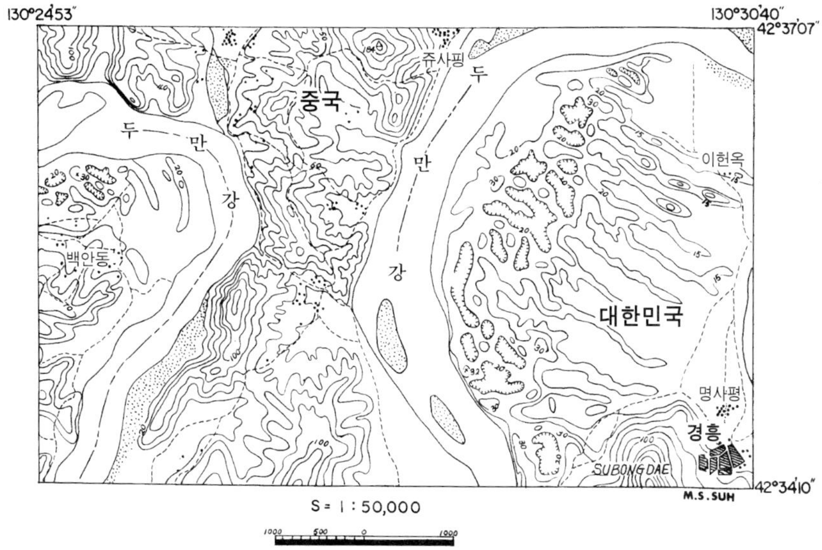

1966년 필자가 발표한 "한국의 Karst 지형"이란 논문(당시 서울특별시 교육감 최복현 선생의 화갑기념논문집) 87쪽에서 위카르스트(Pseudo Karst)와 관련시킨 사구성 와지(Desert hollow)를 논하면서 두만강 하류의 백안동과 이헌옥 및 중국 쪽의 쥬사핑 사구 지대를 언급한 바 있다.

두만강의 유로 변천과 녹둔도

10세기경에 두만강은 경흥읍 남쪽 11km 지점의 망덕산望德山 — 북한과 구소련이 공동으로 제작한 '북러지형도' 에는 두비양산으로 기재되어 있다. — 에 의하여 유로의 장애를 받아 42° 29′ 10″N과 130° 33′ 30″E의 교선 부근에서 유로를 북동진하였다. 그런 다음 러시아 쪽의 박세고리Paksekori 마을과 삭파우 호Ozero Sakpau, 베르크네예Verkhneye 마을, 니즈네예Nizhneye 마을을 지나 탐보타이 Tambotay 마을 앞 지협부에 하구를 두었다. 하구의 위치는 지형상 42° 34′ 00″N과 130° 41′ 40″E의 교선 부근이었을 것으로 추정된다.

여기서 박세고리Paksekori는 '박씨마을' 에서 나온 지명이다. 조선총독부가 발행한 1 : 50,000 지형도상에 박석거리薄石巨里로 한문 표기가 되어 있으나, 이는 일본인들이 박씨마을을 왜곡하기 위한 의도적 행위일 뿐이다.

이 당시 함경 북도나 북간도 주민들의 생활 용어 속에는 적지 않은 러시아 어가 등장한다. 예컨대 성냥을 '비지깨' 라고 하는데 이것은 러시아 어의 삐츄카СПИЩКА에서 왔고, 호주머니는 '거르만' 이라고 하는데 이것 또한 러시아어의 까르만КАРМАН에서 왔다. 따라서 박세고리Paksekori를 박씨마을로 주장하는 것은 고을을 뜻하는 러시아 어 '고로드ГОРОД' 가 도입된 것이라고 보기 때문이다.

한편 앞서 제기된 지역 내에는 10세기를 전후한 분명한 두만강의 구하도舊河道가 현존 두만강의 하도와 비슷한 크기를 가지고 아직까지도 구하도상에 물길을 그대로 유지하고 있다.

13세기를 전후하여 두만강 하구는 현존 한 · 중 · 러 3국 국경의 집속점에서 불과 1.5km 북쪽에 자리잡은 장고봉長鼓峰(155.1m) 남쪽 42° 25′ 40″N과 130° 35′ 50″E의 교선상으로 다시 이동된 것으로 보인다. 15세기 후반에 저술된 동국여지승람상의 '경흥 도호부 남쪽 40리에 바다가 있다' 는 기록과 이 저서에 게재된 지도는 위의 사실과 일치한다.

15세기에 두만강은 42° 25′ 05″N, 130° 38′ 20″E의 교선에서 우회전하여 오늘날

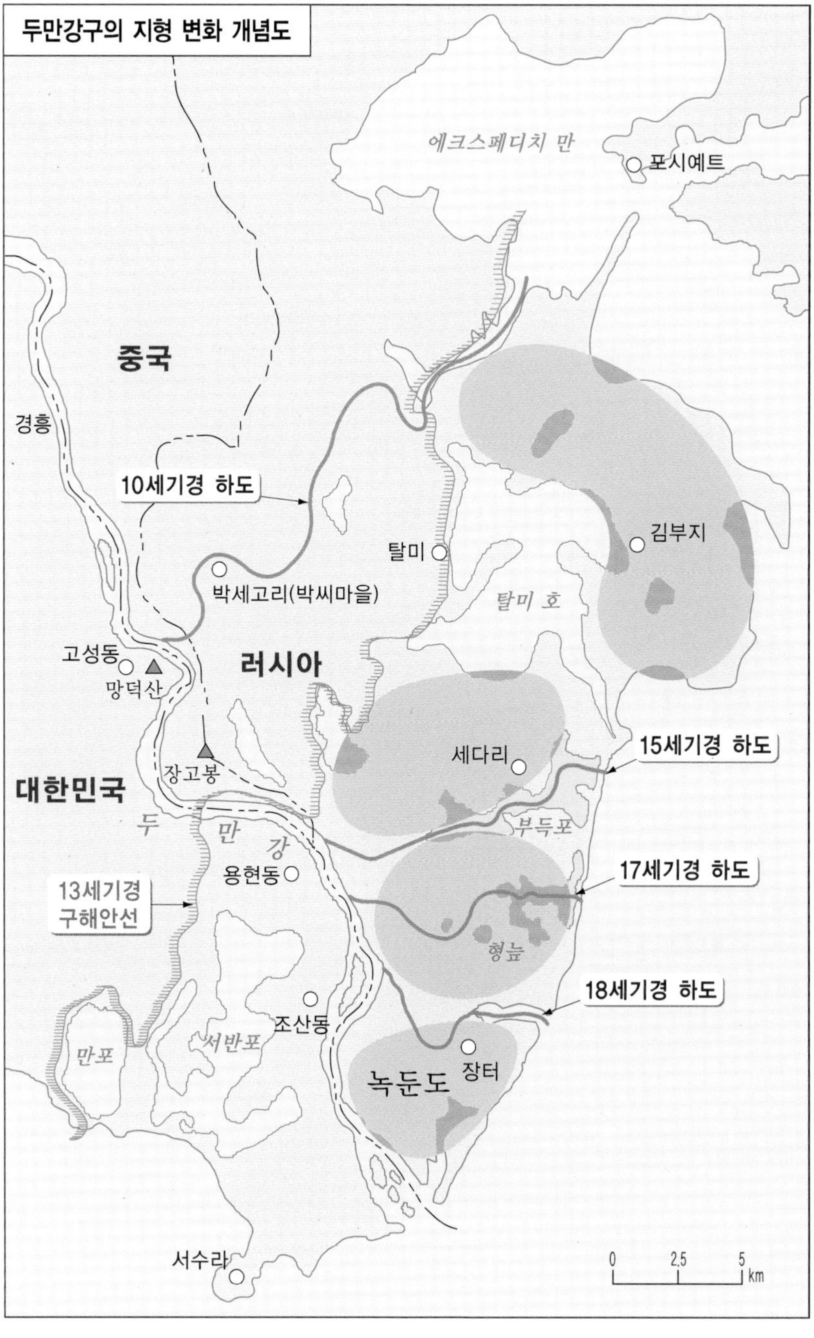

두만강 하구의 유로 변천에 따른 삼각주의 형성 과정을 나타낸 개념도. 유로가 변천되면서 형성된 삼각주들은 모두 녹둔도라는 이름을 가졌으며 이는 녹둔도가 우리의 고유한 영토라는 뜻이 된다.

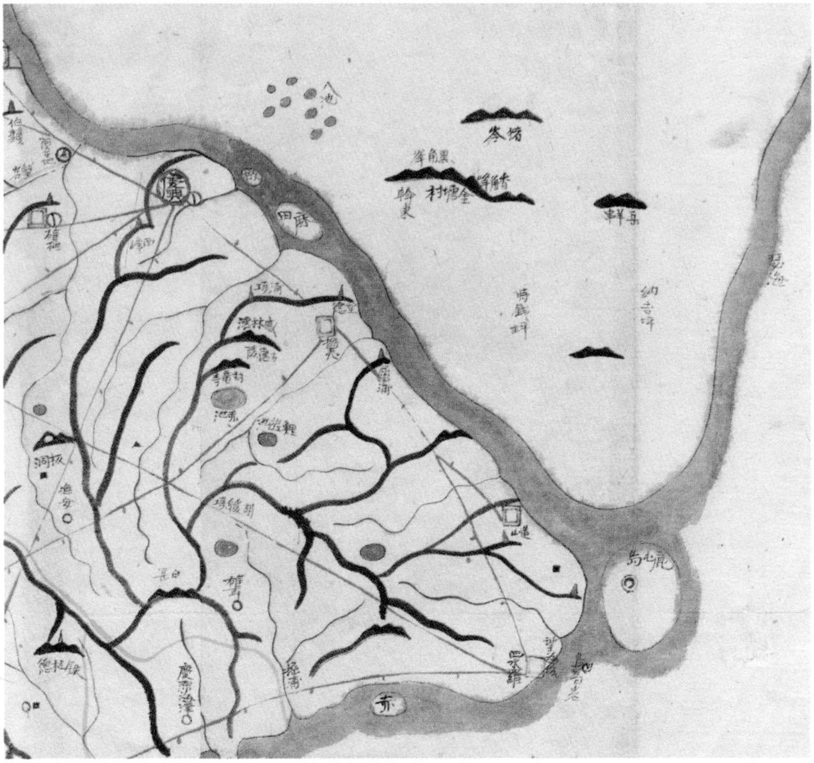

대동여지도상(19세기 중엽)에 기재된 녹둔도.

의 푸두니푸툰Pudunyptyn(부득포富得浦) 부근 42° 25′ 15″N, 130° 41′ 00″E에 하구를 두었다고 지형학적으로 추정된다.

17세기 초에는 42° 24′ 20″N, 130° 38′ 55″E에서 동진하여 현존 형늪 부근의 42° 23′ 45″N, 130° 42′ 20″E에 하구를 두었다.

18세기에 이르러 두만강은 42° 22′ 05″N, 130° 40′ 03″E의 교선상에서 동진하여 42° 21′ 55″N, 130° 42′ 50″E의 두가리미, 앞세가리미 동쪽에 하구를 두었다.

19세기에 이르러 두만강의 유로는 다시 남쪽으로 직진하기 시작하였다. 이 때부터 두만강 하구 남방에 현재의 녹둔도鹿屯島가 수면 위로 부상하였고, 여러 차례의 홍수를 거듭하며 비옥한 농토와 저습지를 생성하였다. 이에 우리의 조상들은 앞다투어 자연 제방 위에 농막을 짓고 경작을 시작하였다. 19세기 중엽 고산자 김정호의 대동여지도를 보면 녹둔도가 기재되어 있다.

그런데 문제는 녹둔도가 아주 오래 전부터 우리의 문헌에 등장한다는 점이다. 나는 녹둔도가 어느 특정한 곳을 가리키는 말이 아니라 자리를 옮겨가며 형성되는 전설적인 섬이라고 본다.

한국의 행정연구원이 1996년 12월에 양태진梁泰鎭을 책임 연구자로 발표한 "한국의 영토 관리 정책에 관한 연구"란 논문에 의하면 녹둔도는 많은 문헌상의 기록을 가지고 있다.

예를 들어 조선왕조실록과 그 시대에 편찬된 여러 가지 지지地誌들에 거의 빠짐없이 기재되어 있으며, 특히 세조 원년인 1455년 이전부터 '사차침도' '사차마도' 라 부르던 것을 녹둔도 또는 녹도로 명명하였다는 기록이 있다고 한다. 이후 녹둔도에 대한 기록은 조선왕조실록상에만도 12회나 등장하고 조선 후기의 고지도나 향토지에도 빠짐없이 기록되어 있다고 한다.

따라서 여기서 제시한 10세기경의 두만강 하구와 13세기의 해안선 이동 지역에도 녹둔도는 있었으며, 이 녹둔도는 새로운 모습으로 남진을 거듭한 것으로 여겨진다.

오늘날의 ZALIV TON-PANGA 만입 남쪽의 저습지와 진흙과 모래로 된 모든 땅의 초생적 상태는 해면에 부상한 삼각주성 퇴적물로 시작되었으며, 이들 섬은 두만강의 유로 변천과 더불어 계속하여 남쪽으로 신장하며 새로운 모래톱을 생성하고 육속시키며 오늘에 이르렀다고 추리된다.

결론적으로 말해 20세기 초엽에 만들어진 1 : 50,000 지형도상에 녹도鹿島로 기재된 동서 7km와 남북 7km에 면적 약 $30km^2$의 녹둔도는 좁은 의미의 녹둔도이며 넓은 의미의 녹둔도는 오늘날의 에크스페디치EKSPEDITSII 만 남쪽의 모든 땅으로 생각하지 않을 수 없다.

바꾸어 말하면, 이 일대의 많은 해적호海跡湖(lagoon)와 저습지로 된 비옥한 삼각주성 충적 평야는 두만강의 유로 변천사를 생각할 때 모두 분명한 우리의 영토임에 틀림없다.

이를 구체적으로 살펴보면, 현재의 나게르나야Nagernaya 러시아 측 두만 강안역과 그 북쪽의 티푸트쎄보 호Ozero Tiptsevo와 탈미 호Ozero Talmi에서 패러디 박지Reyd Pallady에 이르는 저습지가 모두 바다였다. 또 우리 나라 쪽을 보면, 장고봉 남쪽 2.5km 지점의 두만 강안역 두만율라에서 남진하여 증산봉 동쪽 기슭을 따라 학미봉을 거쳐 만포에 이르는 그 이동 지역이 모두 바다였다.

따라서 제시된 해안선 이동 지역의 모든 저산성 구릉 지대는 두만강 하구 앞바다에 군도로 존재했었다고 추리할 수 있다.

두만강은 중국에서 유입되는 1차 지류인 훈춘 강琿春河, 미장 강密江河, 가야 강嘎呀河, 부얼하퉁 강布爾哈通河 등이 노년기 산지와 한국의 연약 지반인 제3기층을 흘러 많은 토사를 운반하는 하천이다.

실제로 이 지역은 우리 나라 최대의 제3기층 분포 지대로 무산군과 회령군의 경계인 두만강안 명신동에서 시작하여 유선탄광과 봉의 일대의 회령군과 종성군의 내륙인 서부 산지와 온성군 그리고 경원군의 오룡천 북방의 대부분 지역, 경흥군의 아오지 일대가 이에 해당된다.

두만강은 연약 지반인 이들 제3기층에서 침식된 물질과 두만강 하류의 화강암 지대에서 만들어진 사질물砂質物이 운반되어 신속하게 삼각주를 확대하며 수차에 걸친 유로 변경과 더불어 오늘에 이르렀다. 즉 두만강 하구부에는 토사가 신속하게 유출되어 소위 삼각주성 퇴적이 이루어졌고, 전진 평형화 작용前進平衡化作用으로 바다를 희생으로 한 새로운 땅 육계도와 삼각주가 꾸준히 생성되어 온 것이다.

전진적 평형화 작용으로 인해 무수한 그물망과 같은 수로와 하적호 및 해적호가 산재된 삼각주는 자연스럽게 연해주 땅과 연합해 갔으며, 우리의 고유한 영토 녹둔도는 점차 거대 삼각주로 변하고 현재의 두만강 하구는 42° 17′ 25″N와 130° 41′ 35″E의 교선상에 자리잡게 되었다.

두만강의 범람으로 두만강 하구의 삼각주는 그 특성상 자연스럽게 러시아 쪽의 땅과 육속되어 갔지만, 국경의 개념이 없던 시대라 이 일대의 넓은 농경지는 자연스럽게 우리 민족에 의해 점유되어 영농 활동이 이루어졌다.

20세기 초엽의 지도를 보면, 비단 녹둔도뿐 아니라 러시아 쪽의 광범위한 지역이 순수한 우리의 지명으로 기재되어 있음을 확인할 수 있다. 우리 민족은 당시 이 일대의 새로운 땅을 100% 점유하고 영농으로 생계를 유지하였던 것이다.

대표적인 취락으로서 큰탈미Bolshoye talmi 북방 4km의 선천리에 56호, 10세기 하구 남쪽의 산록 사면에 66호, 삭바우 호 북쪽에 33호, 탈미 호 서안에 62호, 탈미 반도에 36호, 탈미 호 북안의 큰탈미에 32호가 입지하였다. 탈미 호 남안에는 이 일대 최대인 81호, 도리채소道里採沼 동쪽의 평야 지역에 52호, 도리채소 서안의 산지 사면에 61호, 윗누루미上臥峰와 하와봉에 21호, 개척리에 6호가 입지하였다.

15세기경의 하구를 중심으로는 부득포富得浦 북안 세다리에 4호가 입지한 것을 비롯해 부득포 남안의 쇠다리에 41호, 17세기의 유로 변경으로 달밭메기達田項에 10호가 입지하였다.

18세기에 이르러 유로가 다시 변경되면서 구하도를 중심으로 상소上所, 세가리미, 두가리미에 25호가 입지하였다. 구하도 남쪽의 협의의 녹둔도는 녹도鹿島로 기재하고 한자 밑에 우리말 토를 달았다.

우리들이 보통 생각하여 온, 즉 좁은 의미의 녹둔도에는 중소中所에 16호와 장터, 앞세가리미에 14호, 와룡평臥龍坪에 5호, 작개섬雀浦島에 집단 촌락 10호 내외와 학수평鶴首坪에 5호 등 도합 65호 300여 명의 주민들이 살았다.

살펴본 바와 같이 두만강의 유로 변천과 더불어 생성된 삼각주에는 조선 왕조의 백성들이 자연스럽게 점유하여 우리의 법과 풍속 아래 살아 왔으며 이는 이 거대한 삼각주가 우리 고유의 땅이었음을 입증한다고 할 수 있다.

그러나 제정 러시아는 청의 국력이 쇠잔해진 틈을 타 국경 획정을 위한 회담을 제기하였고, 1860년 북경 조약에 의해 우수리 강 동쪽의 광대한 땅이 러시아의 영토로 귀속되고 말았다. 그 후 20세기 초엽까지도 우리말 지명이 사용되긴 했지만 점차 사라져 결국 러시아 어로 표기되었다.

1 : 50,000 지형도상에 나타난 우리의 땅 녹둔도 일대의 취락 분포.

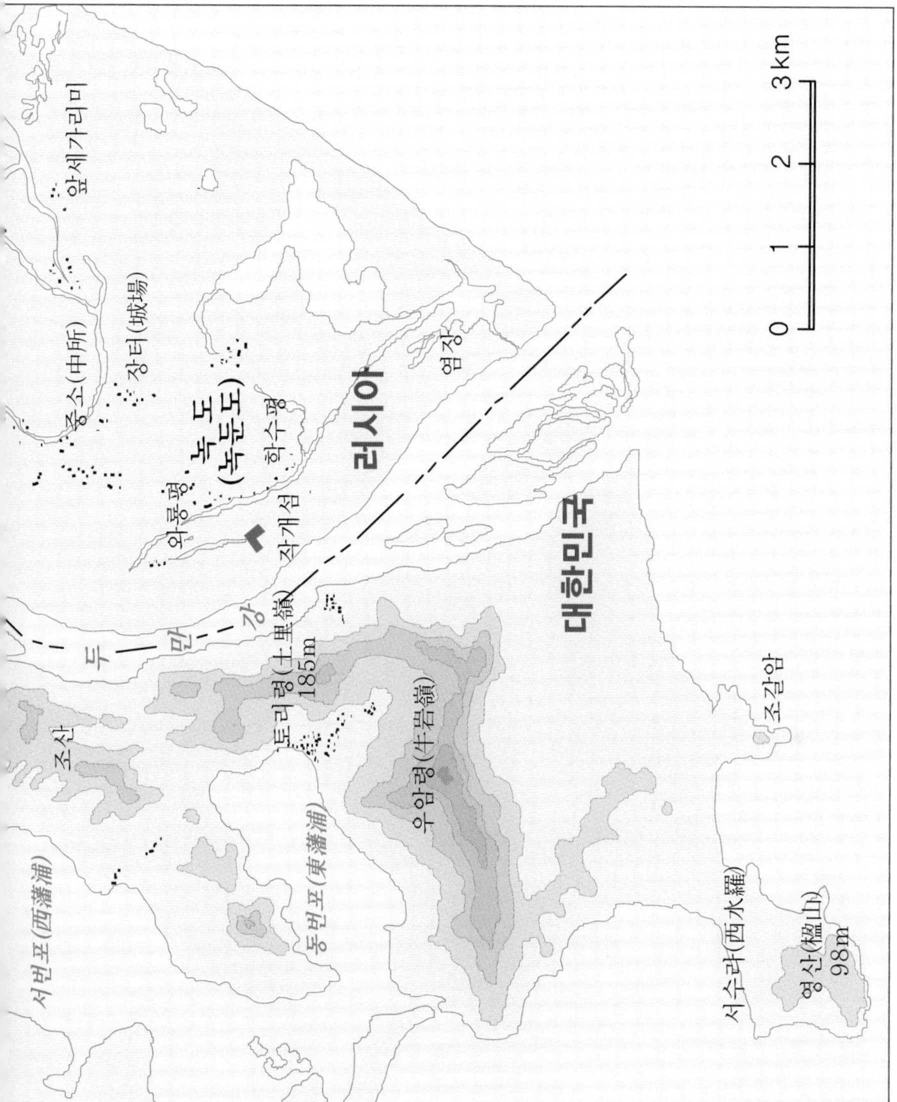

앞세가리미
중소(中所)
장터(城場)
녹도
(녹둔도)
와룡평
하수평
작개섬
러시아
염장
두만강
토리령(土里嶺)
185m
조산
우암령(牛岩嶺)
대한민국
조갈암
서번포(西藩浦)
동번포(東藩浦)
서수라(西水羅)
영산(楹山)
98m
0 1 2 3km

제정 러시아가 붕괴된 이후에 연해주의 우리 민족은 1937년 중앙 아시아로 강제 이주되었고, 두만강 하류의 넓은 델타 지역은 구소련의 공지화 정책으로 폐허화되어 오늘에 이르고 있다. 동시에 한 · 러 국경도 현재의 두만강으로 확정됨으로써 우리의 영토 녹둔도는 우리의 주권이 무시된 채 러시아 영토로 완전 편입되고 말았다.

1972년 동국대학교 박사과정을 이수하던 박태근朴泰根 씨는 장서각에서 발견한 '아국여지도俄國輿地圖'를 살피는 과정에서 지도상에 부기된 다음과 같은 사실을 발견하고 그 사실을 지상에 발표한 바 있다. 1972년 2월 11일자 대한일보에 게재된 내용을 보면, 아국여지도 옆에 '녹둔도는 남북으로 28km, 동서로 12km, 우리의 거민 113호에 822명이 거주하며 농토는 비옥하다'고 기재되어 있다고 한다.

1883년 1월 28일 고종 황제는 서북경략사西北經略使 어윤중魚允中을 녹둔도 현지로 파견하면서, 녹둔도는 원래 우리의 땅이니 그 곳에 가서 살펴보고 되찾을 방법을 모색하라고 명하였다. 그 해 10월 4일 어윤중은 돌아와, '녹둔도는 모래가 쌓여 러시아 땅과 연접되었으나 본래 우리의 땅이며 섬 주민 또한 모두 우리 나라의 백성으로 중국이나 러시아 사람은 한 사람도 없다'고 보고하였다.

녹둔도가 러시아령이 된 뒤인 1884년 12월 초 고종 황제는 친군전영사 한규직韓圭稷의 부하 전영영관前營領官 권동수, 김용원을 해삼위로 밀파할 즈음 오위장 김광훈과 신선욱을 수행하게 하였다. 이들에게는 우리 동포들의 실상과 녹둔도의 지도를 만들어 오는 임무가 부여되었으며, 이들은 11절 23면의 접이식 아국여지도俄國輿地圖를 작성하여 진상하는 성과를 올렸다.

이렇게 제작된 아국여지도에 보고된 한인들의 거주 지역은 총 29개 지역으로, 필자가 지형도상에서 산정한 19개 지역을 세분화하면 거의 비슷할 것으로 믿어지며 10세기경의 두만강의 하도 변천과도 일치하고 있다.

이상과 같이 역사적으로나 지형 형성사적으로 명백하고도 확실한 우리의 영토와 거민이 북경 조약에 의해 러시아의 영토로 귀속되었다는 사실은 전술한 왕조

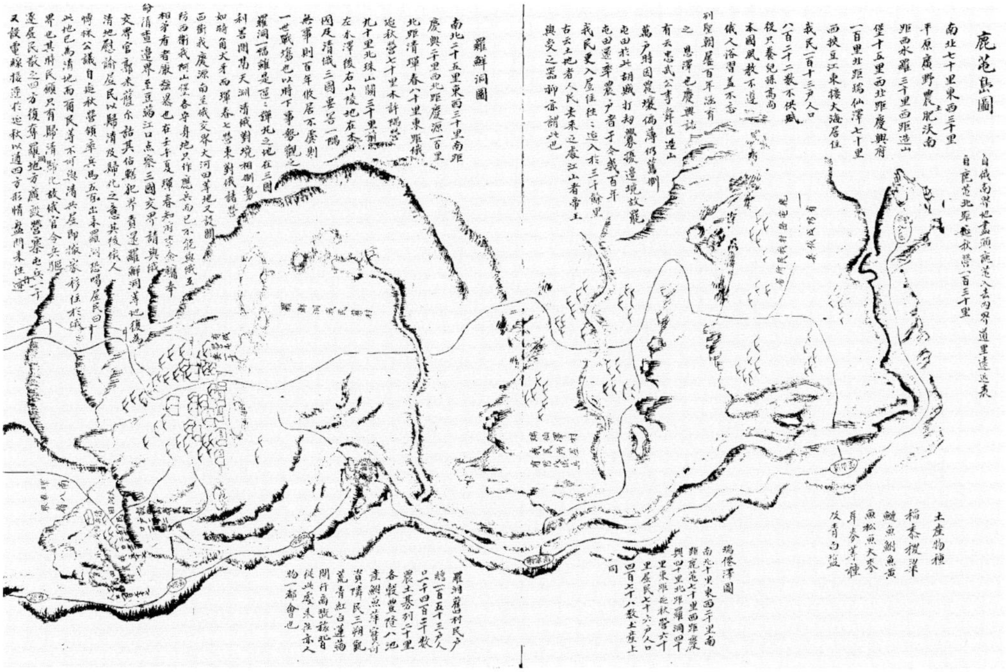

아국여지도(俄國輿地圖)상으로 본 녹둔도의 실상.

실록상의 기록이나 현대적인 측량과 항공 사진의 판독으로 만들어진 지형도와 고종 황제의 현장 조사 명령과 결과 보고상으로 보아도 확인이 가능하다.

2000년 10월 26일, 서울대학교 사범대학 지리교육과 이기석 교수를 팀장으로 하는 한국측 탐사 대원 4명과 러시아 과학원 산하 태평양 지리 연구소 직원 2명 등 6명이 현지에 도착하여 탐사 활동에 들어갔다.

그러나 군사 기밀 지역에 속한다는 이유로 탐사 시간을 3시간으로 제한한 데다 현지는 갈대의 키가 2m에 이르는 무인 지대여서 탐사에 큰 어려움을 겪고 돌아왔다. 만약에 탐사단이 현지 군사 당국자의 협력과 충분한 시간적 여유를 가지고 활동할 수 있었다면 놀라운 연구 성과를 가지고 돌아올 수 있지 않았나 하는 아쉬움이 남는다.

04 [리포트] 민족의 성산 백두산

인공 위성 사진으로 본 백두산과 용암 대지

◐ Land Sat 위성이 촬영한 백두산 천지와 광대한 용암 대지의 모습

백두산白頭山은 예부터 우리 민족의 성산聖山으로 숭배되어 왔다. 나는 김일성종합대학 지리학부 시절 하계 정규 답사로 한 달 가량 백두산을 탐사한 바 있다. 이 장에서는 이 때 탐구한 내용을 바탕으로 백두산에 대한 지형 · 지질학적 특성을 종합적으로 고찰해 보고자 한다.

인공 위성으로 촬영한 사진(71쪽 사진)을 보면, 우선 백두산과 천지를 둘러싸고 있는 광대한 용암 대지의 모습이 한눈에 들어온다. 압록강과 두만강의 하곡도 선명하게 보인다. 이 밖에도 기생 화산과 섬세한 하곡의 침식 지형 등을 살필 수 있다.

백두산 용암 대지는 대부분(80%) 중국 측에 발달해 있다. 백색으로 보이는 부분은 부석사浮石沙로 뒤덮인 종상 화산체(톨로이데)이며 그 중심부가 함몰되어 $8.7km^2$에 이르는 천지天池를 만들었다. 천지 주변 능선상에는 외륜산 16개 봉우리가 있고, 그 중 최고봉이 백두산(2,750m)이다.

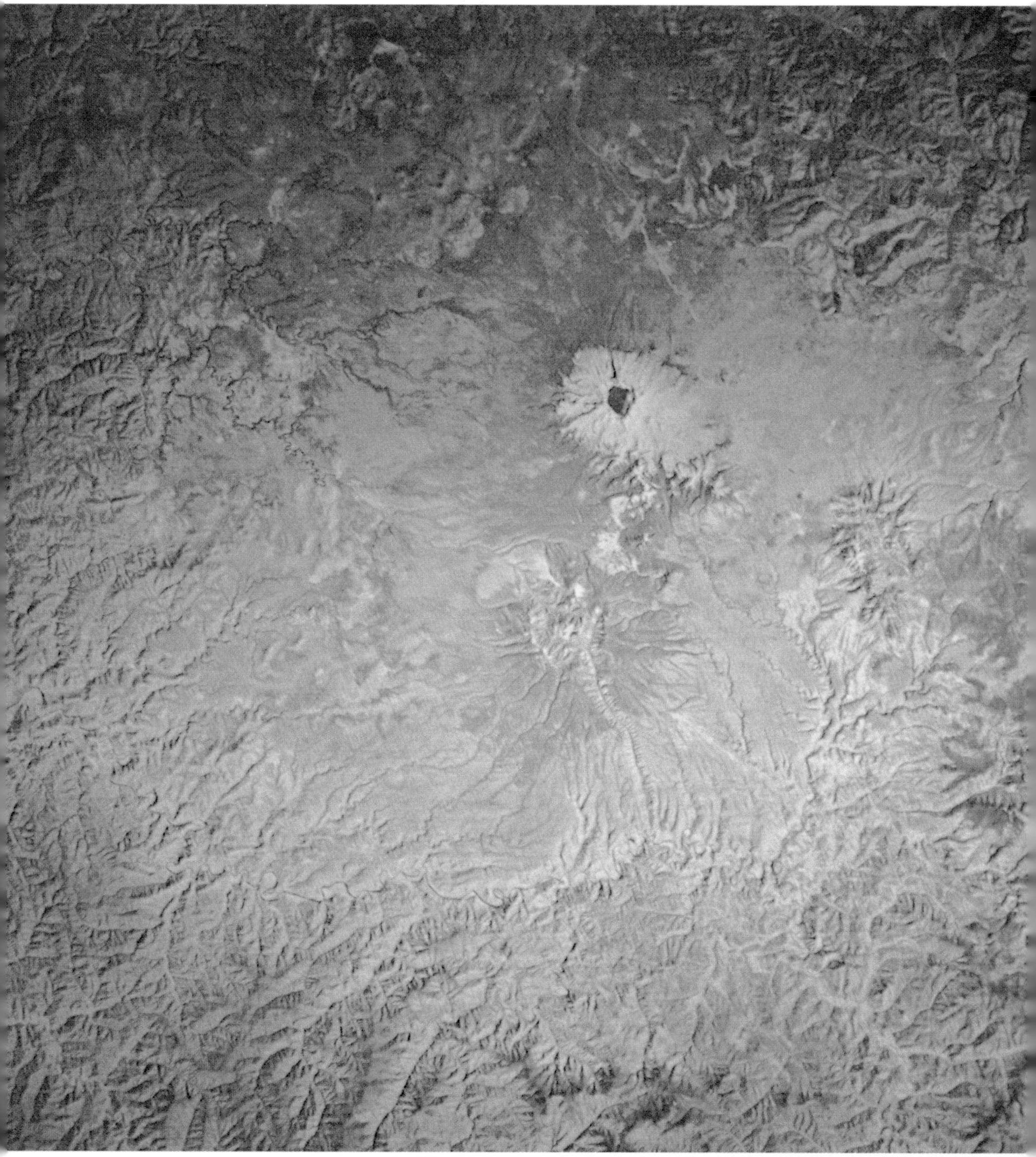

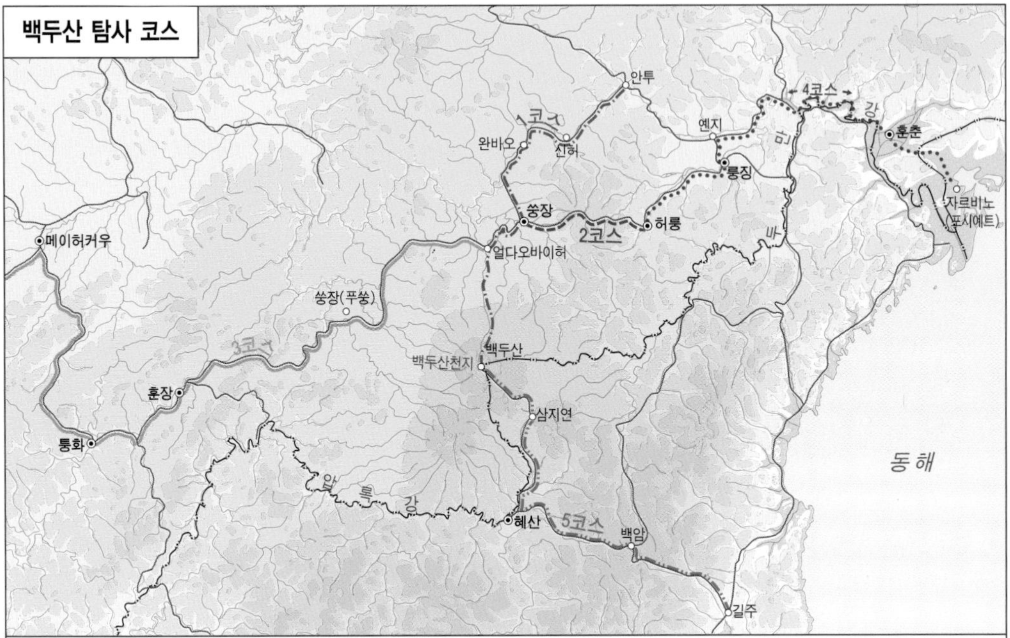

제 1 코스 : 안투 – 푸싱 – 신허 – 완바오 – 융칭 – 쑹장 진 – 얼다오바이허 – 웨화 빈관
제 2 코스 : 옌지 – 룽징 – 허룽 – 칭산 – 싼다오거우 – 쑹장 진 – 얼다오바이허 – 웨화 빈관
제 3 코스 : 선양 – 메이허커우 – 통화 – 훈장 – 쑹장(푸쑹) – 루수이허 – 얼다오바이허 – 웨화 빈관
제 4 코스 : 속초 – 자르비노(포시예트) – 훈춘 – 옌지 – 룽징 – 허룽 – 쑹장 진 – 얼다오바이허 – 웨화 빈관
제 5 코스 : 길주 – 백암 – 혜산 – 보천 – 삼지연 – 신무성 – 무두봉 – 백두산 천지

백두산 탐사 코스

● 제1코스

옛날부터 가장 일반적으로 이용되던 백두산 탐사 코스로, 독립군이나 항일 유격대 나아가 관동군 토벌대나 관동군의 앞잡이인 조선인 특설 부대의 주된 이용로이기도 했다.

우선 안투 현 명월진(밍웨 진)에서 자동차를 타고 남서진하여 푸싱福興을 거쳐 황거우링黃溝嶺, 애구隘口를 지나 다황거우大荒溝와 신허新合, 완바오万宝, 칭산淸山에 이르며 그 거리는 80km, 200리 길이다. 여기서 다시 남쪽으로 융칭永慶,

샤오사허小沙河, 쑹장 진松江鎭까지 25km를 간 다음 남서진하여 25km를 더 가면 얼다오바이허二道白河에 이른다. 이 곳에는 창바이산長白山 자연보호구관리국이 있다. 여기서부터 남쪽으로 50km를 오르면 장백 폭포 아래에 있는 소천지小天池 부근 웨화 빈관岳樺賓館에 이르게 된다.

● 제2코스

룽징龍井에서 출발하여 터우다오거우頭道溝, 투산土山, 허룽和龍을 지나 라오링老嶺을 넘어 싼다오거우三道溝를 거쳐 쑹장 진松江鎭에 이르는 코스로 그 거리가 140km에 달한다. 쑹장 진 이후의 백두산 탐승로는 제1코스와 동일하다. 안투 노선보다는 거리가 멀고 다소 불편하지만 룽징 · 옌지 사람들이 편리하게 이용할 수 있다. 최근에는 도로가 포장되어 한층 이용도가 높아졌다.

● 제3코스

선양沈陽에서 메이허커우梅河口, 퉁화通化, 훈장渾江, 쑹장(푸쑹), 얼다오바이허二道白河까지 기차편을 이용하는 열차 코스로 매우 흥미진진한 노선이다. 메이허커우 동쪽의 러우제 조선족향樓街朝鮮族鄕과 그 남쪽의 장자뎬 조선족향姜家店朝鮮族鄕, 또 그 동쪽의 항일 투사 양 징위楊靖宇 장군의 전승지인 징위靖宇를 연결하는 지역 내에 룽강龍崗 화산군이 있으며, 징위 동쪽 지근거리의 푸쑹撫松 동부에서는 푸쑹撫松 화산군을 관찰할 수 있다. 얼다오바이허 이후부터는 1, 2코스와 동일하다.

● 제4코스

강원도 속초항에서 배를 타고 북상하여 러시아의 자르비노(포시에트)항에 상륙, 버스편으로 중국의 훈춘, 옌지, 룽징에 이르는 코스로 이후는 제2코스와 같다. 북한이 개방되어 길혜선을 이용, 제5코스로 백두산을 오를 때까지 가장 가깝고 경비가 적게 드는 편리한 경로이지만 호응도가 낮아 거의 중단된 상태이다.

● 제5코스

길혜선 철도를 이용한 혜산진 – 보천보 – 포태리 노선으로, 대학 재학 시절에 이 길을 따라 백두산을 답사한 바 있다.

백두산 탐사의 기억

평양종합대학 지리학부 2학년생 때인 1948년 7월~8월 사이 정규 답사로 백두산을 탐승했던 기억이 아직도 생생하다.

당시 마천령 산맥의 허정령虛頂嶺을 넘어 삼지연三池淵 호반의 사냥꾼들이 이용하던 통나무 대피소에서 숙영하며 삼지연을 측심하였는데 그 깊이는 일률적으로 1m 50cm였다. 삼지연을 출발해서는 신무성神武城에 이르는 17.5km를 좁은

신무성에서 무두봉에 이르는 낙엽송 원시림은 한 번도 도끼에 찍혀 보지 않은 처녀림으로 야생 동물, 특히 맹수들의 출몰이 잦다.

임업 도로를 따라 행군하였다. 지금도 차디찬 신무성 샘가에서 숙영하며 신무성 일대를 탐색하던 생각이 난다.

다음날 신무성을 출발하여 음침한 원시림 속을 걸었는데 이끼류로 뒤덮인 청록의 카펫 위를 걷는 것 같던 그 상쾌함을 아직도 잊을 수 없다. 사막의 물 없는 마른 개울인 와디wadi와 비슷한 지형들이 나타나, 이 곳을 횡단하는 데 힘겨웠던 기억도 선연하다.

햇볕이 들어오지 못하는 음산한 밀림 속에서 크고 작은 곰 4마리가 우리들의 진로를 가로질러 사라지기도 했다. 선두는 까무러치게 놀라 "곰, 곰!" 하면서 내딛던 발을 그대로 든 채 전방을 응시하며 꼼짝도 못했다. 순간 뒤따르던 학생들은 몽둥이를 찾아 제각기 집어들었지만 껍질뿐인 썩은 나무였다. 이후 우리는 며칠간 밀림에서 선두 그룹이 곰과 만났을 때 두 손을 들고 뒷걸음질치던 모습을 재

백두산정에서 바라본 개마 고원의 위용. 각기 다른 화산 분출물과 V자로 깎이어 가고 있는 유년기 곡지와 산지의 황량한 모습들이 눈앞에 전개된다.

연하며 웃음꽃을 피우기도 했다.

마침내 산림 한계선인 무두봉無頭峯에서 숙영을 한 다음 백두산 정상에 오르게 되었다. 기상의 급변에 따른 체온 보전을 위해 담요 한 장씩만 들고 장군봉將軍峯(2,750m) 등정에 나섰다. 휴대품 없는 홀가분한 등정으로 체력의 소모를 막으려는 데 목적이 있었다.

장군봉을 등정하고 돌아오는 무두봉과 장군봉 사이의 12km는 부석 사막과 곡지부의 빙혈 관찰이 가능한 곳이었다. 이 일대는 백두 화산 폭발 말기에 화산성 가스와 함께 분출된 거품이 부석浮石이 되어 종상 화산체 주변에 사막을 만든 전형적인 부석 사막이며, 부석사浮石沙가 곡지에 매적되어 곡지의 발달이 극히 미약한 상태였다. 삼복을 제외하고 거의 일 년 내내 강설과 북서 계절풍이 부는 지역이어서 가벼운 부석사가 날리면서 계곡에 쌓인 눈 위를 피복하였기 때문이다. 이들 계곡에 발달한 빙혈은 깊이를 예측할 수 없을 만큼 수직으로 함정을 이루고 있었다.

백두산白頭山이라는 이름도 부석사와 관련이 있다. 간혹 부석사 위에 검은 유리질 흑요석이 여기 저기 뿌려져 있기도 하지만, 이 부석사로 인해 정상 부분이 연중 하얀 색을 띠기 때문에 백두산이라는 이름을 얻은 것이다.

백두산 정상에 오른 다음날부터 천지 호반에서 야영하기로 했다. 장군봉에서 망천후望天吼(2,628m) 사이의 분화구 측벽에 발달한 녹설면麓屑面(colluvial slope)을 따라 갈 지(之) 자로 만들어진 오솔길을 통해 천지 호면(2,194m)까지 556m나 내려갔다. 현재 녹설면 말단부의 호반에는 북한의 기상 관측소와 장군봉~천지 호반을 왕래하는 케이블카의 종착장이 개설되어 있다.

이 날은 야영과 식사 준비 외에도 세 부분으로 분리된 천지 측심용 배를 조립하는 일로 바빴다. 지형학을 전공으로 선택한 나와 이근기는 박태준朴泰俊 지형학 지도교수와 함께 천지의 측심에 나섰는데, 0.5kg의 삼각연추를 단 하얀 색 측사測絲는 물의 흐름으로 인해 궁형(弓)을 이루었다.

현장에서 느낀 바이지만, 이 곳에서는 음향 측심을 했어야 했다. 측사 측심은 지

름 50m 이내의 흐름이 없는 정온한 연못에서나 적용될 법한 원시적인 방법이며 결론적으로 부정확하다는 판단을 하게 되었다.

어쨌든 측심의 결과 최심부가 318.5m라는 결과를 얻었고, 투명도 측정에서는 39m란 정확한 측정치를 얻게 되었다. 최근에는 산천어를 비롯한 호냉성 어류의 방생과 상주 인구의 증가, 게다가 지나칠 정도로 많은 관광객의 내방 등에 따른 오염으로 인해 그 투명도는 예전과 같지 않을 것으로 생각된다.

다음으로 탐사한 곳은 설영지에서 호안을 따라 종덕사에 이르는 길이었다. 당시 우리 모두는 호반을 걸으며 신발을 적시지 않을 수 없었다. 이 곳에서는 신발을 신은 채로도 뜨끈함을 느낄 수 있었는데 호반 온천이 존재한다는 사실을 확인하는 계기였다.

지금은 흔적도 없이 사라졌지만 우리가 찾아간 종덕사宗德寺의 건축 양식은 판

◐ 백두산 천지는 둘레가 14.4km이고, 수면 고도는 2,194m이다. 일명 용왕담(龍王潭)이라고도 하는데, 화산 폭발에 의해서가 아니라 돔(dome)상으로 팽창된 정상부의 함몰로 생성된 칼데라호이기 때문에 그 규모가 매우 크다. 칼데라(caldera)는 에스파냐어로 '남비'를 뜻한다.

1943년 조선산악회에 의해 촬영되고 '朝鮮の山'에 게재되었던 달문(闥門) 우안의 종덕사(宗德寺) 전경. 필자가 대학 시절 답사할 때의 모습인데 지금은 사라져 흔적도 없다.

자로 지은 남산의 팔각정 형식이었다. 중심축을 둘러치듯 칸막이를 하였는데 세모꼴로 된 승방에는 방마다 왕겨가 가득해서 방한용 내지 고행용이 아닐까 하는 추측이 분분하였다. 울타리는 이미 훼손되기 시작한 상태였고 건물 전체도 송판으로 만들어져 있어 우리 일행은 아무런 죄의식 없이 울타리를 뜯어 모닥불을 피운 후 물에 빠진 옷과 신발을 말렸다.

그 다음 우리가 본 것은 달문闥門이었다. 달문은 천지에 고인 물의 유출구인데

폭담과 조뢰(早瀨), 급단(急湍)을 이루며 흘러가는 장백 폭포의 위용은 그야말로 장관이다.

(월간경기 이종원 사장 제공)

종덕사는 그 우안에 있었다. 종덕사에서 장백 폭포 쪽으로 100m 정도 내려가면 징검다리식으로 돌을 밟고 맞은편으로 건너갈 수 있었다. 이 부근은 거의 1~2m의 수심을 가진 급류였던 것이 기억에 오롯하게 남는다.

이 곳에서 장백 폭포까지는 무려 1,100m나 되었다. 폭포는 그 폭음이 어찌나 큰지 옆에 서 있는 친구와의 대화가 전혀 불가능하였다. 장백 폭포를 떨어져 내린 물은 쑹화 강의 원류가 되어 흘러간다.

백두산 천지의 달문(闥門)을 통하여 유출된 물은 장백 폭포(비룡 폭포)의 장관을 연출한 다음, 쑹화 강(松花江)의 원류가 되어 헤이룽 강(黑龍江)으로 합류된다.

천지 주변 외륜산 16 봉우리

천지 주변에는 16개의 봉우리가 천지를 호위하듯 둘러싸고 있다. 이 외륜산들은 이미 오래 전부터 탐사대 또는 등산 애호가에 의해 제멋대로 그 이름이 불리었다. 그래서인지 현재 사용되고 있는 지형도들을 살펴보면 산봉우리의 명칭을 거의 부여하지 않고 있다.

1918년에 발행된 조선총독부 간행의 1 : 50,000 지형도에는 작전상의 이유로 등고선조차 묘사하지 않았다. 이 지형도를 기초로 6·25 전쟁을 수행하기 위해 미 극동사령부가 제작한 지도에 비로소 등고선이 등장하지만 이 지형도에도 산명은 고사하고 표고의 기재조차 없다.

백두산 천지 주변 외륜산명을 처음으로 기록한 책은 리 한제李漢杰와 쉬 루이린徐瑞林 편 '중국지명지최中國地名之最'이다. 이 책 175쪽에서는 백두산 천지를 "중국에서 가장 높고 깊은 화구호"란 제하에 게재하고 외륜산 16봉우리 중 11봉우리를 언급하였다. 그러나 약도나 설명 없이 천문봉天文峰, 자하봉紫霞峰, 철벽봉鐵壁峰, 천활봉天豁峰, 용문봉龍門峰, 응취봉鷹嘴峰, 관일봉觀日峰, 금병봉錦屛峰, 지반봉芝盤峰, 백운봉白雲峰, 청석봉靑石峰 등 11봉우리의 이름만 기록하였으므로 위치는 물론이고 국적도 알 수 없는 부적당한 자료이다.

외륜산명이 처음으로 지도상에 표기된 것은 1993년 평양에서 영문판으로 발행된 'GEOLOGY OF KOREA'(한국의 지질)란 책자이다. 이 책의 335쪽에서는 1 : 50.000 지형도의 윤곽을 표시하고 구소련과 공동으로 제작한 지형도의 봉우리 위치에다 산명을 기재하고 있는데 이는 매우 진일보한 것이다. 북쪽에서 남서 방향으로 내려오면서 쌍무지개봉, 향도봉, 장군봉, 해발봉, 탕율봉, 제비봉, 낙원봉 등 일곱 봉우리가 기재되어 있다.

이상을 종합해 보면 천지 주변 외륜산은 모두 18봉우리인 셈이다. 그러나 실상 인터넷을 검색해 보면 천지 주변의 많은 외륜산명이 일관성이 없이 약도와 함께 제멋대로 기재되어 있다.

최근 구소련과 북한이 위성 사진을 기초로 1976년부터 1989년까지의 14년간에 걸쳐 공동 제작한 러시아 어 표기의 1 : 50,000 지형도와 이것을 한글 표기로 바꿔 우리 나라에서 발행한 지형도가 발표되었다. 이 지형도상에는 백두산 천지 주변 외륜산의 모든 봉우리들을 작은 점으로 나타내고 그 표고를 정확히 소수점 이하까지 기입해 놓았다. 이 지형도야말로 가장 정확한 지형 정보라고 생각되는데 아쉬운 점은 산명이나 봉우리 이름을 붙이지 않았다는 사실이다. 이는 아마 산명과 봉우리 이름들이 의외로 많아 상당한 혼란을 겪은 때문일 것이다.

백두산의 이름만 보더라도 그렇다. 용왕봉, 병사봉, 장군봉, 대정봉, 불함산, 개마대산, 도태산, 태백산, 종태산, 장백산 등 쉽게 발견할 수 있는 것만 해도 열

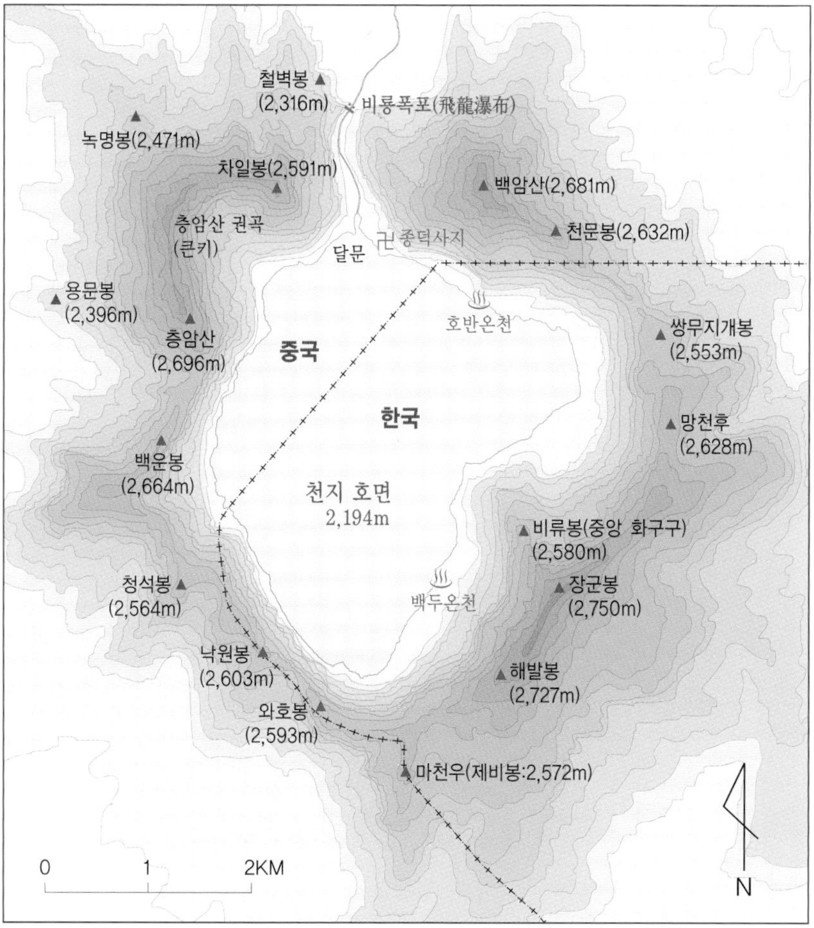

천지 주변 외륜산 16 봉우리.

가지에 이른다. 이 중에서 가장 타당한 이름은 광의로 백두산, 협의로 장군봉이라고 생각된다. 그 이유는, 한국 최초의 지력과地歷科 출신으로 1926년 백두산을 탐승한 육당 최남선 선생의 '백두산 근참기白頭山覲參記'가 1927년 7월에 발행되었는데 이 책에서 백두산 장군봉의 명칭이 거듭 사용되고 있기 때문이다. 나는 이번 기회에 지리학자로서 활용 가능한 모든 자료의 지명을 종합 분석하였다. 그리고 1989년 구소련에서 출간된 1 : 50,000 지형도상의 표고점에 산봉명을 부여하고, 그 지형도의 원척을 제도하여 첨부하였다(위 지도).

백두산(장군봉)을 기준점으로 하여 시계 방향인 서에서 동으로 우회전하며 우선 내외륜을 먼저 돌고, 다음으로 천지 북서쪽의 외외륜 3개 봉우리를 같은 방향으로 돌려 기록한 16봉우리의 이름은 다음과 같다.

① 백두산(장군봉) : 2,750m, 한국
② 해발봉 : 2,727m, 한국
③ 마천우(제비봉) : 2,572m, 한중 국경
④ 와호봉 : 2,593m, 한중 국경
⑤ 낙원봉 : 2,603m, 한중 국경
⑥ 청석봉 : 2,564m, 중국
⑦ 백운봉 : 2,664m, 중국
⑧ 층암산 권곡(큰키) : 2,696m, 중국
⑨ 차일봉 : 2,591m, 중국
⑩ 백암산 : 2,681m, 중국
⑪ 천문봉(수리봉) : 2,632m, 중국
⑫ 쌍무지개봉 : 2,553m, 한국
⑬ 망천후(향도봉) : 2,628m, 한국
⑭ 천활봉(용문봉) : 2,396m, 중국
⑮ 녹명봉 : 2,471m, 중국
⑯ 철벽봉 : 2,316m, 중국

이들 외에 특기할 것은 백두 화산의 유일한 중앙 화구구인 비류봉(2,580m)과 천지에 고인 물이 흘러나가는 출구인 달문闥門이다.
장백 폭포(비룡 폭포)는 달문에서 1,100m 거리에 있으며, 장백 폭포 아래에는 중국 측의 백두산 관광 집단 시설 지구가 있어 호텔과 온천장 등 편의 시설을 이용할 수 있다.
백암산과 천문봉 사이의 외륜산 배후지에는 중국 측 기상 관측소가 있다. 반면 북한 측 기상 관측소는 천지 호반의 유일한 호빈湖濱에 자리잡고 있는데 위치는 대략 장군봉과 망천후를 연결하는 정삼각점 지점이다.
온천은 북한 측 기상 관측소 북쪽 1,700m의 호안에 자리잡은 호반 온천과 관측소 남서 방향 1,200m에 자리잡은 백두 온천 외에도 중국 측 집단 시설 지구인 장백 폭포 아래에 다양한 형태로 자리잡고 있다.
끝으로 청석봉 바로 동쪽 국경선상에 북한군 5호 경비 초소가 있고, 반대쪽의 6호 경비 초소는 중국 측 천문봉 바로 남쪽 국경선상에 있다.

○ 천문봉과 백암산 사이 바람그늘(풍하) 쪽에 자리잡은 중국 측 기상 관측소.

한편 궤도 전차인 인클라인은 장군봉의 풍하면(바람그늘 쪽)에 자리잡고 있으며, 이 곳에서 천지 호반까지 케이블 카가 왕복하는데 바람의 강도에 따라 운행이 중단되기도 한다.

역사 기록으로 본 우리 나라의 화산 활동

고려사기에는 11세기 초 제주도 대정현大靜縣, 즉 오늘날의 북제주군 한림읍 북서쪽에 있는 비양도飛揚島의 해중 용출 기록이 남아 있다.
이 비양도의 화산 활동 기록은 조선 9대 성종 때 노사신盧思愼이 저술한 지리서 동국여지승람東國輿地勝覽에 상세하게 묘사되어 오늘날까지 전해지고 있는데 그 내용을 원문 그대로 소개하면 다음과 같다.

高麗穆宗五年六月 有山湧海中 山開四孔赤水湧出五日而止其水皆成瓦石 十年瑞山湧出海中 遣大學博士田拱之往視之 人言山之始出也 雲霧晦冥地動如雷凡七晝夜始開霽 山高可百餘丈周圍可四十餘里 無草木煙氣冪其上望之如石硫黃人恐懼不敢近 拱之躬至山下圖其形以進 今屬大靜縣

이를 해석하면 다음과 같다.

고려 목종 5년 6월(서기 1002년) 바다 가운데서 산이 솟아나왔다. 산 네 곳이 갈라지고 붉은 물이 솟구쳐 올라와 닷새 만에 멈추었는데 그 물은 모두 기와와 같은 돌이 되었다. 목종 10년, 서산이 바다 속에서 솟아나왔다. 대학박사 전공지를 보내어 돌아보게 하였다. 사람들의 말에 의하면 산이 처음 나타날 때 구름과 안개가 자욱하고 땅이 흔들리며 천동과 함께 7주야에 마감되었다. 산 높이는 백여 길이요, 주위 40여 리에 초목은 없고 연기가 자욱하여 바라본즉, 석-유황石硫黃 같아 사람들은 두려워 감히 접근할 수 없었다. 전공지가 몸소 산 아래에서 그림을 그려 진상하니 오늘날의 대정현이었다.

한편 백두 화산은 10세기 전반에 일대 분화를 일으켜 경석과 대규모의 화쇄류가 낙하되었고, 오늘날 동해의 북부 해저나 일본에 널리 분포되어 있다는 기록이 있다. 그러나 이 폭발의 근거는 고려사기나 조선왕조실록 어디에도 제시되어 있지 않으며, 일본의 평범사平凡社가 발행한 '최신지학사전' 2000년 판에만 기록되어 있다.

그러나 조선왕조실록에는 제주도 화산 폭발 후 595년 만인 1597년과 1668년, 1702년 등 3차에 걸친 백두 화산 활동 기록이 소상하게 수록되어 있다. 다음은 그 내용이다.

● 제1차 백두 화산 폭발 기록

1597년 선조 30년 8월 26일부터 28일까지의 3일간의 기록인데 그 내용은 다음과 같다.

咸鏡道觀察使宋言愼書狀 去八月二十六日辰時 三水郡境地震 暫時而止 二十七日未時 又爲地震 城子二處頹圮 而郡越邊甑巖 半片崩頹 同巖底三水洞中川水色 變爲白 二十八日更變而黃 仁遮外堡 東距五里許 赤色土水湧出 數日乃止 八月二十六日辰時 小農堡越邊 北德者耳遷絕壁 人不接足處 再度有放砲之聲 仰見則烟氣漲天 大如數抱之石 隨烟折出 飛過大山後 不知去處 二十七日酉時地震 同絕壁 更爲折落同日亥時子時 地震事

이를 해석하면 아래와 같다.

선조 30년 정유 10월 함경도 관찰사 송시언의 장계에 의하면, 지난 8월 26일 진시 삼수군 경계에서 지진이 일어났다 잠시 후에 멎었다고 한다. 27일 미시에 또 지진이 있어 성자 두 곳과 군계 건너편의 시루바위 반쪽이 무너졌으며, 바위 아래 삼수동 중천은 물빛이 백색으로 변했다가 28일 다시 황색으로 변했다. 인차외보 동쪽으로 약 5리쯤 떨어진 곳에서는 적색 흙탕물(용암)이 솟아오르다가 며칠 만에야 끊겼다. 8월 26일 진시에 소농보 건너편 북쪽 덕자이천 절벽, 사람이 발 부칠 수 없는 곳에서 또다시 대포를 쏘는 듯한 소리가 나 쳐다본즉, 연기가 하늘에 가득하고 몇 아름드리 큰 바위들이 연기와 함께 솟구쳐 올라 큰 산 뒤로 날아가 버렸다(화산 폭발 광경). 27일 유시에 다시 지진이 있어 이 절벽이 또 깨져 나갔고 같은 날 해시와 자시에 또 지진이 있었다.

제2차 백두 화산 폭발 기록

두 번째는 제1차 백두 화산 폭발 71년 뒤인 1668년 구력 4월 23일과 4월 26일에 있었다. 그 내용은 조선왕조실록 제37책 '현종대왕실록' 제14권 46쪽 왼편의 기록과 이에 대한 설명 47쪽 오른편의 기록에서 찾을 수 있다.

46쪽 왼편에는 "咸鏡道鏡城府雨灰 富寧同日雨灰"로 간략하게 기록되어 있는데 이를 해석하면 함경도 경성부와 부령부에 같은날 화산재가 비처럼 내렸다는 내용이다.

47쪽 오른편에는 임금이 양심합養心閤에 나아가 대신과 비국備局의 여러 신하들을 인견하는 자리에서 임금과 대신이 하문하고 답하는 장면에 대한 기록이 있다. 그 가운데 다음과 같은 내용이 나온다.

> 咸鏡道雨灰之變 甚可愕也 朴承後疏中有云 周天二十餘處坼裂 左相在鄉時聞之否 許積對曰 有是言也 東方天坼 光同火鏡 且有赤馬相鬪之狀 傳說者甚多 次日北方有赤氣 又次日有白氣之異 天開 太平之象 天坼 衰亂之兆云

이를 해석하면 다음과 같다.

> 함경도에 재가 내린 이변은 심히 놀랍다. 박승후의 상소 가운데 말하기를 "하늘 주위가 20여 곳이 터졌다고 하였는데 좌상이 시골에 있을 때 그것을 들었는가?" 하니, 허적이 대답하기를 "그런 말이 있었습니다. 동쪽 하늘이 갈라졌는데 빛이 화경과 같았습니다. 또 붉은 말이 서로 싸우는 듯한 모양이 있었는데 말을 전하는 자가 몹시 많았습니다. 다음날 북쪽에 붉은 기운이 있었으며 또 다음날에는 이상한 흰 기운이 있었습니다. 하늘이 열리는 것은 태평의 기상이고 하늘이 갈라지는 것은 쇠란의 조짐이라고 합니다." 하였다.

위의 표현을 당시 정황에 비추어 살피면, '재가 내린다' 는 것은 화산재가 비처럼 내린 것이며 '하늘 주위가 20여 곳이 터졌다' 라는 말은 화산 폭발로 화광이 단속적斷續的으로 20여 회 충천하였던 것으로 이해될 수 있을 것 같다. 또한 '붉은 말이 서로 싸우는 듯한 모양이 있었는데' 라는 표현은 화산 폭발이 교차적으로 이루어져 마치 붉은 말이 싸우는 것처럼 보였다는 의미일 것이고, '다음날 북쪽에 붉은 기운이 있었으며' 라는 표현은 전날 분출한 용암이 냉각 과정에서 변색했음을 말하는 것으로 이해된다. 마지막으로 '또 다음날 이상한 흰 기운이 있었습니다' 라는 표현이 있는데, 용암은 냉각 과정에서 백 → 황 → 적색으로 변하다가 나중에는 검은 현무암이 되므로 이는 재차의 용암 분출을 뜻한다고 해석될 수 있다.

조선왕조실록 중 박승후의 상소 가운데서 말하는 '붉은 말이 서로 싸우는 듯한' 모양의 화산 폭발과 용암이 흐르는 광경(본문 참조).
- 사진은 Krafft, Katia저 "VOLCANOES" Earth's Awakening 중에서

제3차 백두 화산 폭발 기록

세 번째는 2차 폭발 후 34년 만인 1702년 4월14일 숙종 28년 임오 5월에 있었다. 이후 백두 화산은 오늘날까지 300년간 조용하다. 백두 화산 3차 폭발을 실록상의 기록 그대로를 옮기면 다음과 같다.

> 咸鏡道富寧府本月十四日午時 天地忽然晦瞑 時或黃赤 有同烟焰 腥臭滿室 若在洪爐中 人不堪熏熱 四更後消止 而至朝視之 則遍野雨灰 恰似焚蛤殼者然 鏡城府同月同日稍晩後 烟霧之氣 忽自西北 天地昏暗 腥羶之臭 襲人衣裾 熏染之氣 如在洪爐 人皆去衣 流汗成漿 飛灰散落如雪 至於寸許 收而視之 則皆是木皮之餘燼 江邊諸色 亦皆如是 惑有特甚處

이를 해석하면 다음과 같다.

> 숙종 28년 임오 5월 함경도 부령부에서는 5월 14일 오후에 천지가 갑자기 어두워지고 캄캄해지면서 하늘이 황적색으로 변하며 연기와 화염 냄새가 방안까지 가득하여, 마치 큰 화로 속에 있는 것처럼 그 훈열을 견딜 수 없었다. 사경 후에야 꺼졌는데 아침이 되어 살펴보니 온 들판에 잿비가 내려 흡사 조개껍질을 태운 것 같았다. 경성부에서는 같은 달 같은 날 해진 후에 서북쪽으로부터 자욱한 연기가 밀어닥쳐 천지가 캄캄해지고 비린내가 옷자락에 스며들며 훈기에 숨이 막힐 듯 마치 큰 난로 속에 들어간 것 같았다. 사람들이 못 견디어 옷을 벗으니 땀이 비오듯하였고, 재가 눈처럼 날려 근 한 치 가까이 쌓였으며, 이를 거두어 보니 모두 나무껍질이 탄 재였다. 강변의 여러 색도 다 이러했고 특히 심한 곳도 있었다.

이상은 우리 문헌상에 나타난 우리 나라의 화산 활동 기록이고, 국경을 같이한 중국 쪽의 문헌상 기록을 살펴보면 대략 다음과 같다.

① 1992년 강 뎬화剛占華가 편집하고 연변대학출판사가 펴낸 '연변여유지남延邊旅遊指南'의 17쪽엔 1597년 8월, 1688년 4월, 1702년 4월 등 세 번의 백두 화산 폭발 기록을 게재하고 있으나 문헌상의 아무런 근거가 제시되지 않았다.
② 황 주순黃就順 편 상해서국유한공사가 1986년 8월에 펴낸 '중국지리개론中國地理槪論' 27쪽에 백두 화산 활동이 기록되어 있는데 1597년과 1702년만 간단히 기록되어 있을 뿐 마찬가지로 문헌의 출처는 밝히지 않고 있다.
③ 길림문사출판사에서 1991년도에 출판하고 리 전취안李振泉 외 세 사람이 펴낸 '중국지리총서中國地理叢書 길림성지리吉林省地理'에도 1597년, 1668년, 1702년 등 3차에 걸친 백두 화산 폭발이 기록되어 있으나 역시 문헌의 출처는 밝히고 있지 않다.
④ 탕 시양唐錫陽의 저서로 신화서점 북경발행소新華書店北京發行所가 1987년 4월에 펴낸 '자연보호구탐승自然保護區探勝' 124~135쪽까지의 기록이 있는데 여

기에는 다음과 같이 서술되어 있다.

> 중국의 고대 지리서 산해경山海經에는 백두산이 불함산不咸山으로 기록되어 있고, 한대漢代 이후 단단대령單單大嶺, 개마대산蓋馬大山, 도태산徒太山, 태백산太白山, 종태산從太山 등으로 기록되었다.
> 12세기의 금나라에서 장백산長白山으로 불러 오늘에 이르렀다. 역사상 장백산의 화산 폭발 기록은 1597년 8월 26일, 1668년 4월과 1702년 4월14일 등 3차에 걸쳐 있으나 명확한 문헌의 제시는 없다.

이상으로 미루어 볼 때 유일한 백두 화산 폭발 기록은 앞에 제시된 조선왕조실록상 3차에 걸친 기록뿐이며, 중국 측 저자들은 이것을 적절하게 전재한 것으로 볼 수밖에 없을 듯하다.

05 무단장에서 하얼빈까지

투먼에서 기차를 타고 무단장(牧丹江)으로

김연희 씨의 조카사위가 중화인민군 대위여서 그가 철도경찰 중위에게 부탁, 야줘 표雅座票를 사 주었다. 일반 나무의자와는 달리 우아한 좌석이 있는 고급 객실표였다. 우리는 중위의 안내로 개찰 전 역 구내로 들어갈 수 있었으며, 그리 깨끗하진 않았지만 시트에 우단을 씌운 의자에 앉아 여행하게 되었다.

아침 9시 20분에 무단장을 향해 출발한 열차는 힘차게 달렸다. 옛 기억이 새로운 왕칭汪淸과 다싱거우大興溝를 지나 춘양 진春陽鎭에서 노년기 산지인 하얼바링哈爾巴嶺의 길고 긴 터널을 통과하여 헤이룽장 성으로 진입했다.

투먼을 떠난 지 4시간 남짓 경과된 오후 1시가 되어서 라오쑹링老松嶺을 통과한 기차는 오후 4시 15분 무단장역에 도착하였다. 불과 248km의 구간을 무려 7시간이나 달렸으니 평균 시속이 35km였던 것이다.

무단장역에 도착하자마자 역사를 빠져나와 호텔을 찾았으나 여의치 않아 역전의 철도 호텔에 여장을 풀었다. 이름은 링샤오다쥬뎬靈霄大酒店인데 숙박 요금은

무단장 중심가를 차지하고 있는 당주공사(糖酒公司). 당밀주(糖蜜酒)를 판매하는 도매 상점이다.

중국돈으로 60위안. 침실과 사무실 및 응접실을 갖춘 짜임새 있는 호텔이었다. 저녁 식사를 마치고 객실로 돌아왔는데 총경리(사장) 마 즈챵馬志强이 찾아와 인사를 청하였다. 그는 50대 초반의 예의바른 신사였는데 같은 철도국에 근무하는 김금순이라는 사람을 데려왔다면서 한번 만나 사연을 들어 봐 달라고 내게 부탁을 했다.

잠시 후 30대 초반의 여인이 객실로 들어왔다. 여인은 자신을 최흥수崔興洙란 사람과 결혼하여 슬하에 단오丹五라는 다섯 살짜리 딸을 둔 가정주부라고 소개하였다. 그리고 남편이 한국의 친척으로부터 초청을 받고 돈을 벌기 위해 한국으로 나갔는데 편지가 한두 번 오다가 최근 1년 동안은 완전히 소식이 끊어진 상태라며 남편의 소식을 알아 달라고 간청하였다. 남편이 새로운 여자가 생겼거나 마음이 변했다면 자기도 마냥 기다릴 수만 없지 않겠느냐는 이야기였다. 김금순 씨는 남편의 직장 주소와 전화 번호, 남편이 근무하는 회사의 현장 소장 전화 번호까지 소상히 알려 주었다.

우리는 한 달 후 귀국하여 최흥수 씨를 찾았다. 나는 그를 사무실로 불러 무슨 얼어붙은 쑹화 강(松花江) 빙판에서도 중국인 특유의 상혼이 발휘되고 있다. 이들은 얼음 위에서 관광객을 상대로 낙타를 태워 주고 용돈을 번다.

둥베이 지방 어느 도시에서나 겨울철의 별미 군고구마를 사 먹으며 추위를 달랠 수 있다.

조선족은 전통적으로 교육열이 높아, 대부분의 지역에서 조선족 학교를 설립하고 열심히 자녀들의 교육에 힘쓴다.

사람이 가족에 대해 그리 무관심하냐고 타이르고, 오늘 즉시 변함없는 사랑을 약속하는 편지를 쓰라고 일러 주었다. 기왕에 부탁을 받은 터라 나도 김금순 씨에게 상세한 정황과 더불어 좋은 남편이니 절대 오해하지 말라는 내용의 편지를 보내 주었다.

무단장의 조선족 동포들

무단장 시는 흐리고 짙은 스모그 현상으로 시계가 매우 나빴다. 날씨는 바람이 없어 영하 7도에도 비교적 포근하였다. 전화국을 찾아 1시간 가량 고생한 끝에 간신히 수원에 있는 집으로 전화를 걸 수 있었다. 중국과 한국의 친구들에게는 정다운 여행 소식과 안부를 전하는 편지를 보냈다.
우정국을 나오다가 우연히 이신덕李信德이란 초로의 동포를 만났는데 그와 오랫동안 애틋한 정담을 주고받을 수 있었다. 그의 친절한 안내로 조선족의 생활상을 돌아보기로 했다.

조선족 단일 촌락을 방문하여 그들의 생활상을 청취하였다. 이 곳 동포들은 우리의 전통과 풍습을 잘 유지·보존하고 있었다. 함경도식 또는 관북형 가옥 구조의 정주간과 방당이다.

우리는 조선족이 경영하는 소학교와 중학교를 방문하고, 전통 조선족 집촌을 방문하여 생활상을 살펴보며 깊이 있는 대화도 나누었다. 동포들 대부분은 우호적이었지만 그 중에는 적대감을 표출하는 사람도 있었다.

오후에는 신덕 씨와 함께 8·15 해방 기념탑이며 산정의 정자 등을 돌아보고 무단장역으로 나가 자무쓰로 가는 기차표를 예매하였다.

완행 열차 타고 자무쓰(佳木斯)로

쾌청한 날씨, 기온은 영하 7도. 아침 8시 40분 무단장역을 떠나 오후 7시 15분 자무쓰역에 도착하였다. 목가선牧佳線의 총 연장은 332km인데 10시간 35분 걸렸으니 시속 33km로 달린 셈이다. 기차가 얼마나 느린 속도로 달리는지 실감이 났다. 그러나 차창을 통해 변화무쌍한 풍경을 바라보거나 같이 앉은 승객들과 따스한 정담을 나누다 보면 장시간의 지루함은 온데간데없다.

기차표는 중국돈으로 13위안(1.7달러)이므로 우리 돈으로 대충 환산하면 2000

⬆ 자무쓰 쑹화 강가의 강변 공원. 눈 내린 가로수길을 걷는 연인의 모습이 마치 영화 속의 한 장면 같다.

원 정도이다. 우리 생각에는 싸다 싶지만 중국 사람들의 임금 수준과 한 달 생활비를 생각할 때에는 결코 싸다고 말할 수 없다.

같이 앉은 사람 중에도 우리 동포가 있었다. 길림 성 연변농업생산자료공사延邊農業生産資料公司에 근무하는 동포 원종일元鐘日 씨와 서정남徐正男 씨였는데 이들은 품위 있고 재주 있는 공무원들이었다. 이들과 친하다 보니 자연스럽게 함께 자무쓰 산림초대소에 여장을 풀고, 그들의 단골 음식점에 들르고, 그들의 친구들과 자연스럽게 어울렸다. 자무쓰에서의 이틀은 이렇게 그들의 도움으로 여유롭게 보낼 수 있었다.

특히 역전 부근 전진구前進區 교남가橋南街 67루樓 2조組에 자리잡은 고향반점高鄉飯店 김경복金景福 씨와 중화인민해방군 상사로 막 제대하고 돌아온 김경일金景日 씨의 도움을 받았는데 김경일 씨는 김경복 씨의 친동생으로 우리 부자를 아

쑹화 강의 하운(河運)을 이용하는 여객 터미널. 여름철에만 여러 노선에 걸쳐 여객선들이 운항된다.

조선족이 경영하는 우리의 전통 음식점 '고향반점'.

주 헌신적으로 도와 주었다. 그 가운데 가장 인상 깊었던 일은 창칭 향長青鄉 광밍 촌光明村의 방문이었다.

광밍 촌은 200호 1,000여 명이 살아가는 조선족 단일 촌락으로, 우리 민족의 고유한 풍속과 전통을 그대로 간직한 생활 현장은 한국의 민속촌에 온 듯한 어리둥절함을 느끼게 할 정도였다. 새삼 가슴이 뿌듯해져 왔다.

이 밖에도 쑹화 강松花江의 얼어붙은 여객선과 유람선이며 빙상 돛단배와 얼음 미끄럼틀, 강 위에서 펼쳐지는 전통 몽고바오蒙古包 개썰매와 민속 가장 무도회 등 자무쓰에서는 즐거운 기억이 많다.

그러나 마냥 즐거운 것만은 아니었다. 자무쓰역 광장에는 임자 없는 사체 2구가 사람들의 무관심 속에 방치된 채 있었다. 우리 나라 같으면 경찰이 달려오고 신문 기자들로 왁자지껄했겠지만, 여기서는 한낱 개죽음 정도로밖에 비춰지지 않는 모양이다. 순간 머리 속에 '무법천지'란 생각이 떠오름과 동시에 왠지 모를 인간적 비애로 가슴이 저렸다. 앞길을 걱정하며 빨리 이 여행을 마무리하고 싶은 생각에 사로잡히게 되었다. 여기에 설상가상으로 날더러 시린지西林吉와 모허漠河 등지는 그야말로 무법천지이니 가지 말라는 동포들의 충고가 더욱 불안을 가중시켰다.

'방운동이네 집에서 소채를 파는데……' 하고 채소값을 한글로 적어 놓은 광고판. 조선족 단일 촌락의 동포들은 민족적 자부심과 전통을 고스란히 간직한 채 부근 일대의 광대한 농경지를 개답하여 미작 농업에 주력하며 살아간다.

1월 9일 아침 8시 고향반점에서 쑹화 강 추어탕으로 식사를 마친 다음, 김경일 씨가 준비한 하얼빈행 기차표를 손에 들고 그의 안내로 12시 30분 정든 자무쓰를 떠났다.

쑹화 강과 헤이룽 강, 우수리 강이 만든 평원

삼강 평원상에 남아 있는 넓은 배후 습지.

삼강 평원三江平原은 가깝게는 헤이룽 강黑龍江, 우수리 강烏蘇里江, 쑹화 강松花江의 운반 물질이 퇴적하여 만든 산물이며, 멀리는 신생대 제3기 말의 곡강 운동으로 생성된 평원이다.

신생대에 일어난 이 요곡 운동으로 서쪽은 샤오싱안링小興安嶺 산맥, 남쪽은 완다 산完達山, 북쪽은 러시아의 바드자르스키Badzarskij 산맥, 동쪽은 시코테알린Sichotealin 산맥으로 둘러싸인 거대한 내륙 분지가 생성되었다. 분지의 규모는 중국 쪽과 러시아 쪽이 거의 비슷한데 중국 쪽의 삼강 평원 면적만도 57,460km²에 이른다.

기저부는 선캄브리아계의 변성암과 고생대 및 중생대의 퇴적암으로 구성되어 있다. 분지에는 제3기의 갈탄과 쇄설암이 분포한다. 또 제4기 퇴적층의 두께도 매우 두터운데 평원 주변의 구릉지와 잔구성 산지 부근은 40~50m이며 일반적으로는 150m, 최대 층후는 240m에 이른다.

평원의 평균 해발 고도는 50~60m인데다 최저부도 34m여서 지표면의 경사도가 1/10,000에 불과하기 때문에 침식에서 살아 남은 잔산과 잔구는 마치 대양 중에 고립된 고도와 같은 느낌을 준다.

또 하천이 범람할 때마다 유로가 변경되어서 하안 단구를 비롯해 저습지와 구하도에 남은 우각호 및 배후 습지, 자연 제방 등이 분지 내에 산재되어 있다. 유속이 느리며 굴곡이 심한 자유 곡류천은 도처에 사주와 지난날의 낡은 사주를 남긴다. 구하도의 넓이는 보통 5~15km에 이르고 점토층의 두께도 곳에 따라 3~17m에 달한다.

한때 어느 전직 국회의원이 삼강 평원을 개발하여 한국의 식량 기지로 만들겠다고 기염을 토한 적이 있는데 이런 생각은 처음부터 문제를 내포하고 있었다. 이곳은 우리 나라 연근해의 갯벌 간척보다도 자연적인 조건이 훨씬 나쁜 저습지이며 더구나 냉량한 기후 조건으로 인해 토지 생산성이 지극히 낮은 지역이다. 따

무단장에 있는 항일 전몰 투사 추념비. 항일 유격대와 일본 관동군 사이의 격전으로 희생된 애국 청년들의 영령을 달래기 위해 세운 기념비로, 탑신 후면에는 애국 순국 열사들의 이름이 각인되어 있다.

라서 부담해야 할 공사비는 사막을 개발하는 것보다 더욱 막대하며, 오히려 토지 생산성이 높은 열대 · 아열대권에 투자하고 개발하는 것이 훨씬 유리할 것으로 판단된다.

안중근 의사로 기억되는 하얼빈(哈爾濱)

안중근 의사는 1905년 강제로 체결된 을사 보호 조약의 울분을 삭이지 못하고 연해주로 갔다. 그리고 연해주의 다지치푸에서 의병 참모중장이 되어 병력을 지휘하며 북간도로 들어갔다. 안중근 의사의 용병술과 사격술은 절묘하였으며 백발백중 빗나가는 총탄이 없었다.

1909년 10월 대동공보大東公報에 한국 침략의 원흉 이토 히로부미伊藤博文가 하얼빈에 온다는 보도가 실렸다. 안중근 의사는 '노적老賊을 반드시 내 손으로 죽이겠다' 고 결심한 후, 다음과 같은 비분강개의 시를 지었다.

> 장부가 세상에 처함에 그 뜻이 크도다.
> 때가 영웅을 만듦이요 영웅이 때를 만들도다.
> 천하를 웅시함에 어느 날 업을 이루고
> 동풍은 점점 차가우나 장사의 뜻이 뜨겁다.
> 한 번에 달려가 반드시 목적을 이루리로다.
> 쥐도적 이토伊藤여 어찌 살기를 바라겠느냐.
> 이에 이를 줄을 어찌 알았으랴만 사세가 바뀌기 어렵게 됐도다.
> 동포 동포여 속히 대업을 이룰지어다.
> 만세 만세 대한독립이로다. 만세 만세 대한 동포로다.
>
> – 1995.2.14. 동아일보 '근세역사' 중에서

며칠 뒤 1909년 10월 26일 이토 히로부미는 안중근 의사에 의해 하얼빈 역내에

안중근 의사가 민족의 이름으로 이토 히로부미를 응징한 현장 하얼빈 역사.

서 한국 국민의 이름으로 정확하게 총살이 집행되었다. 드디어 이 역사의 현장을 찾게 되었으니 감격스러울 따름이었다.

밤 8시 30분에 하얼빈역에 도착하여 택시편으로 도심지로 들어갔으나 호텔마다 만원이요 여관도 마찬가지였다. 우리는 30kg의 배낭을 짊어진 채 방황하다가 다시 택시를 타고 잘 곳을 찾아 나섰다. 간신히 찾은 숙박 시설은 중화인민해방군 선양군구 공군 하얼빈 초대소란 간판이 붙은 호텔. 도미토리(큰 공동 침실) 같은 합숙 시설이었으나 숙박료는 일류 호텔보다 더 비쌌다.

하얼빈 시는 원래 쑹화 강가에 발달한 작은 어촌이었으나 1893년 제정 러시아의 동청철도東淸鐵道 건설 기지가 되면서부터 발전을 거듭한 도시이다. 하얼빈이란 지명은 만주어로 '그물 말리는 곳' 이라는 뜻이다.

1931년 시로 승격되었고, 1955년 1월 헤이룽장 성의 성회省會가 치치하얼齊齊哈爾에서 하얼빈으로 옮겨지면서 인구 300만 명의 중국 8대 도시 중 하나로 발전

하며 오늘에 이르렀다.

도시 내부는 시 중심가인 상지대가尙志大街를 중심으로 그 서쪽의 중앙대가中央大街와 동쪽의 지단가地段街에 유럽풍의 식당과 호텔 및 백화점, 상가, 서점가 등이 밀집해 명실상부한 번화가를 이루고 있었다.

하얼빈 쑹화 강가에 얼어붙은 여객선과 유람선들이 즐비하다. 해빙을 기다리며 기나긴 동면을 하고 있다.

그 중에서도 눈에 띄는 것은 각종 종교 시설이었다. 천주교와 개신교, 동방정교, 이슬람 교 등 상이한 종파의 교회들이 사이좋게 서로 가까운 거리에서 마주 보거나 이웃하여 입지한 것을 볼 수 있었다. 이들 교회당은 원형대로

영하 30℃를 오르내리는 혹한 속에서도 서역인 신장웨이우얼 지방의 하미(哈密) 분지에서 생산된 수박을 맛볼 수 있었다.

북방의 얼음 도시라 불리는 하얼빈은 삥덩(氷燈) 축제로 유명하다. 정교하게 만들어진 수천 점의 얼음집에 오색 찬연한 등이 켜져 환상적인 분위기를 연출한다. 1963년 시작된 이래 세계에서 가장 규모가 크고 오래된 삥덩 예술 전시회로 인정받고 있다.

잘 보전되어 있었는데 문화 혁명이란 태풍이 휘몰아치는 기간 중에도 특별한 보호 조치가 취해졌음을 짐작하게 했다.

신판 동계 올림픽 '삥덩(氷燈) 축제'

저녁을 먹고 밖으로 나가니 유명한 '삥덩 축제' 가 열리고 있었다. 몇 년 전 일본의 홋카이도北海道 지방의 화산 지형을 공부하려고 삿포로札幌 에서 며칠간 체류한 일이 있었는데 그 때 본 삿포로 시의 얼음 축제는 눈 축제인 반면, 하얼빈의 얼음 축제는 마치 고대의 거석 문화와 같이 쑹화 강의 두꺼운 얼음을 톱으로 잘라 쌓아올린 문자 그대로의 얼음 축제였다.

정교하게 조각된 얼음집마다 휘황찬란한 유색 전등으로 내부를 환히 밝히고 그 속에서 실제로 영업을 하는 규모이니, 이 삥덩氷燈을 보고 즐기려고 전국 각지에서 사람들이 모여들어 인산인해를 이루는 것은 어쩌면 당연한 일이다.

한밤중의 휘황찬란한 삥덩 놀이에 뒤이어 낮에는 쑹화 강가의 제방둑에서 얼음 미끄럼틀을 타며 시간 가는 줄 몰라했는데, 자연 경사를 이용하여 만든 미끄럼틀이 얼마나 길고 쾌적한지 어른들마저 동심의 세계로 이끌기에 충분하고도 남았다.

얼어붙은 하얼빈 쑹화 강 위에서는 가장 무도회가 열려 많은 방문객들을 즐겁게 하였다.

하얼빈의 화장장

도심지에서 택시를 타고 무조건 화장장으로 가자고 하였더니 운전사는 어리둥절한 표정을 지었다.
울퉁불퉁한 시골길을 한 시간 남짓 달린 끝에 향양산빈의관向陽山殯儀館에 도착했다. 사무실을 찾아 방문 취지를 설명하였더니 담당 직원이 친절하게 관장실로 안내해 주었다. 방문 취지를 재차 설명하고 시설 전반을 보여 달라고 했더니 류 밍웨劉明月 관장은 쾌히 승낙했다. 뿐만 아니라 류 관장이 손

징위안(靜園) 또는 향양산빈의관(向陽山殯儀館)으로 불리는 하얼빈시의 화장장 향양산혁명공묘의 정문.

수 앞장서서 안내해 주었다.

그의 설명에 따르면, 이 묘지 공원의 공식 명칭은 징위안靜園이고 또 다른 명칭은 하얼빈 시 향양산혁명공묘哈爾濱市向陽山革命公墓였다. 묘원의 구조를 살펴보면 첫째는 고별청, 둘째는 화장장, 셋째는 영식전으로 구성되며 기타의 부대 시설들이 갖춰져 있었다.

고별청은 장의 예식장으로 식장의 크기와 장식물 및 화환과 기타의 꽃값은 별도로 계산되며 예식장 사용료는 20~200위안으로 사람에 따라 상당한 차등을 두고 있다. 정형整形이란 이름의 시신 화장대도 20~200위안이며 요청에 따른 녹상대錄像代는 40~140위안, 여기에 가족 휴게실 등의 부대 시설비가 추가된다.

둘째 화장장 시설은 30위안 균일로 이용료가 징수되는데 고별 행사가 끝나면 자동적으로 운구하여 옥외에서 작은 밀차에 실려 화구로 투입된다.

셋째 영식전靈息殿은 납골당으로 함의 크기와 공간 및 장식품의 정도가 서로 다른 것을 보게 되는데 이는 고별청의 사용 금액에 따라 유골 안치에도 차등이 있음을 알 수 있었다.

'고별청'이란 이름의 장의 예식장. 중국은 화장이 법으로 정해져 있기 때문에 중국인들은 100% 화장을 한다. 그렇지만 소수 민족인 조선족에 한해서는 매장 제도를 인정해 주고 있다.

◆ 주변 지역 철도 교통의 중심지인 베이안역 구내의 요란스러운 증기기관차. 포효하듯 솟아오르는 수증기가 얼어붙은 산야를 녹일 기세이다.

같은 유교 문화권에 속하면서도 우리의 화장률이 30.7%(99년)로 일본 99%(98년), 중국 100%와 비교해 볼 때 유독 낮은 것은 우리 민족에게 매장 중심의 사고가 짙게 배어 있기 때문이다. 우리 나라와 같이 국토 면적이 좁은 나라에서는 매장 문화를 화장 문화로 바꾸는 장제 제도로의 전환이 매우 시급하기 때문에 종교 단체가 이에 적극적으로 참여하는 것이 좋겠다는 생각이 들었다.

보석으로 꽉 찬 베이안(北安)의 밤하늘

하얼빈 역사의 혼잡은 차표를 살 용기를 송두리째 앗아갔다. 할 수 없이 조선족 동포의 도움을 받기로 했다. 베이안 시北安市에 거주한다는 김해석 군을 만나 그의 도움으로 하얼빈발 베이안행 기차표를 사는 데 성공하였다. 그는 우리와 같베이안 시장에서 잉어를 팔고 있는 상인의 즐거운 표정.

이 베이안에서 러시아제 지프를 대절하여 우다롄츠五大連池 화산군과 베이지 촌北極村을 방문하기로 약속했다.

베이안 시는 헤이룽장 성 중북부에 자리잡은 인구 23만 명의 작은 도시이다. 일찍이 1950년대 후반에 시로 승격되었다가 폐지되었으며, 그 후 1983년 다시 시로 승격되어 오늘에 이르렀다. 쑹넌 평야松嫩平野의 북동부에 입지해 있고 빈북선濱北線, 제북선齊北線, 북흑선北黑線을 연결하는 철도 교통의 중심지이다. 또한 쑹넌 평야에 입지한 철도 교통의 요충지인 관계로 각종 농산물의 집산지로도 유명하다. 보리, 콩, 감자가 주된 농산물이나 최근에는 품종 개량에 의한 벼농사도 이루어지며, 특히 임산 자원이 풍부하다.

김해석 군의 부모 형제와 함께.

베이안에 있는 이틀 동안은 김해석 군의 집에서 기숙하였다. 그의 아버지 김지홍金智洪 씨는 중학교 수학교사이고 모친 정태선鄭泰善 씨는 시장에서 짠지 장사로 살림을 돕는 경제력 있는 주부였다. 장남인 해석 군은 광석光石과 호석虎石 두 동생과 함께 여기 저기 안내하는 등 헌신적으로 우리 부자를 도와 주었다.

강산성의 지하수를 끌어 올려 떡시루와 비슷한 용기에 숯을 채운 간단한 여과기로 생활 용수를 얻는다.

이들 형제의 안내로 방문하게 된 춘광春光 부락은 논농사를 전업으로 하는 곳이었다. 베이안에서 서쪽으로 10여 km 떨어져 입지한 이 곳은 85호 486명의 순수한 우리 동포들이 부근 일대의 광활하고 비옥한 용암 평원을 수리 안전답으로 개간하여 살아가는 집단 촌락이었다.

춘광 부락에 도착한 시각이 아침 9시경이어서 우리는 아침 식사에 초대를 받았다. 그런데 미질 좋은 쌀밥과 김치 그리고 된장찌개는 순수한 우리의 맛 그대로였으나 식수 사정은 매우 안 좋아 보였다.

이 곳은 원래 용암 평원상의 저습지여서 지하수가 강산성의 황갈색을 띠기 때문에 생활 용수로 사용할 수 없는 수질이다. 그런데도 펌프로 지하수를 끌어 올려 플라스틱 용기를 이용한 간단한 여과 장치를 거쳐 식수로 사용하고 있었다. 수돗물을 불신하여 끓여 먹기조차 싫어하는 우리의 현실이 너무나 사치스럽게 느껴졌다. 아무리 적자 생존이라지만 주어진 기본 환경 자체가 너무 불공평하다는 생각이 들었다.

가옥 구조에서는 혹한에 대응한 인간의 지혜를 엿볼 수 있었다. 모두 2중 벽체인데다 출입문도 2중이었다. 실내에서는 신을 신은 채 생활하고, 거실 한쪽의 '캉炕' 이란 이름의 침대용 온돌에서 식사와 잠자리를 해결하였다.

또 눈에 띄는 것은 베이안의 가옥에는 하수도가 없다는 사실이다. 이들은 긴 겨울철 결빙기에 대비하여 거리 양쪽의 집집마다 생활 하수를 버리는 집빙소集氷

◎ 중국식 침상 온돌 '캉'. 우리의 온돌과 달리 동과 골이 없이 열을 균등하게 공급하는 방식이다. 높이는 70cm 정도로 한쪽 구석에 만들어져 있어 실내 공기를 훈훈하게 해 주며, 신발을 신은 채 활동할 수 있다는 것이 특징이다. 혹한이 지속되는 둥베이 지방에서 일반적으로 이용되는 난방 설비이다.

所를 만드는데 그 형태는 함지형 오목 구조이다(113쪽 그림). 이것은 아주 기발한 착상에서 나온 것으로, 겨울 동안 얼어붙어 쌓인 생활 하수는 해빙기인 오뉴월에 곡괭이로 부수어 밭으로 운반하여 퇴비 대신 수비水肥로 사용한다.

한편 새벽 2시경 야외 화장실을 찾아 2중 벽체의 2개의 문을 열고 밖으로 나가는 순간 심장이 멈추는 듯한 충격에 기겁을 하는 일이 벌어졌다. 사소한 부주의로 인해 생사기로의 참변을 당할 뻔한 것이다. 실내외의 온도차가 무려 60°C 이상이었으므로 가능한 일이었다.

다행히 정신을 가다듬고 간신히 2중벽 안으로 들어서 심장 부위의 피부를 문질러 대고 팔다리를 움직여 간신히 기력을 회복하였다. 그리고 서둘러 침실로 들어와 내복을 껴 입고 방한모와 장갑을 착용하고 다시 야외 화장실로 향했다. 사실 다음날 아침 식사 시간에 이 사건을 이야기했다가, "큰 변을 당할 뻔했다. 소변은 부엌에 마련된 오줌통에 보아야 하며, 부득이 대변을 보러갈 때에는 꼭 완전 무장을 한 후에 나가야 한다."는 주의를 받았다.

모진 강추위로 하수도 시설이 불가능하여 겨우내 생활 하수를 버리는 집빙 설비이다. 봄철이면 얼음을 깨어 내 농토로 운반하여 수비(水肥)로 사용한다.

어쨌든 그러한 경황 중에도 쳐다본 베이안의 밤하늘에는 크고 작은 별들이 빈틈없이 꽉 차 있었다. 1등성, 2등성 …… 5등성까지. 어린애의 눈망울처럼 초롱거리는 별들과 밤하늘에 길게 가로놓인 은하수. 동심의 세계로 돌아가 별밭을 거니는 꿈이 이루어진 듯한 아름다운 정회와 한편으로는 서러운 이국의 우수에 온통 휘감기고 말았다.

어린 시절 하늘에 보석을 뿌린 것 같은 감동적인 밤하늘의 별 세계를 본 이래, 베이안에서 그 감동적인 밤하늘을 다시 보게 된 것이다. 대기 오염은 이렇게 시리도록 찬란한 밤하늘을 우리에게서 송두리째 앗아가고 말았다.

예상보다 훨씬 오랜 시간이 경과된 모양이었다. 실내로 들어와 잠을 청하였으나 사람과 같이 사는 쥐들의 전쟁이 시작되었는지 우르르, 탕탕, 찍찍, 요란하였다. 하지만 어느새 깊은 잠이 들고 말았다.

06 우다렌츠 화산군

언지호 우다렌츠(五大連池)

1월 13일, 약속대로 김해석 군과 함께 아침 7시에 베이안을 출발할 예정이었으나 지프의 고장으로 8시 30분에야 떠날 수 있었다. 날씨는 매우 찼는데 배낭에 달고 다니는 온도계의 지침이 영하 39도를 기록하고 있었다. 비포장 60km의 거리를 3시간 반 동안 달려 12시경 우다렌츠 시에 도착하였다.

우선 점심을 먹기 위해 얼어붙은 호반의 한 식당을 찾았는데 두지頭池 폭포 아래에서 잡은 '천계탕'이 명물이라 하여 한번 맛보기로 하였다. 천계탕天鷄湯은 우리 나라의 500원짜리 백동전만한 푸른색 개구리(천계와)를 영계백숙처럼 끓인 것인데 우리의 구미에는 별로 맞지 않았다. 그러나 이 곳 사람들은 매우 귀한 대표적 지방 요리로 추천하고 있었다.

식사 후 천계와天鷄蛙를 잡았다는 폭포와 그 주변에 펼쳐진 화산성 분출물, 용암의 열하 분출과 화산 폭발 등으로 생성된 용암 평원상의 지형을 관찰했다. 그리고 반경 10km 범위 내에 펼쳐진 언지호를 답사하였다.

우리 나라의 500원짜리 동전 크기의 녹색 개구리 '천계와(天鷄蛙)'가 잡힌다는 두지(頭池) 폭포.

중국 사람들은 이 작은 녹색 개구리를 '하늘 닭(天鷄)'이라고 하여 훌륭한 보양 식품으로 여긴다.

화산 활동의 역사가 짧아(1719~1721) 토양화가 진행되지 않은 성긴 화산 분출물로 이루어진 우다롄츠의 용암 평원. 멀리 우다롄츠 시가지가 보인다.

언지호堰止湖란 골짜기의 계류나 하천 등이 여러 가지 원인에 의하여 막혀서 생긴 호소를 일컫는다. 우다롄츠五大連池는 1974년에 돌아본 일본의 후지 5호富士五湖와 동일한 화산성 언지호이다. 즉 열하 분출된 용암이 너모얼 강訥謨爾河의 1차 지류인 바이허 강白河의 물길을 가로막아 생긴 호수이다.

중국 사람들은 이 언지호를 '큰 연못 5개가 연속되어 있다'는 뜻으로 우다롄츠五大連池라 부르는데 연지連池의 총면적은 18km²이다. 상류 쪽에서부터 5지, 4지, 3지, 2지, 두지頭池이며 그 중 3지가 가장 크다. 다음은 5지이며 1지인 두지가 가장 작다.

호의 수심도 3지가 가장 깊어 최심부는 12m에 이른다. 2지는 9.2m이며 가장 얕은 두지는 불과 1~2m이다. 물은 맑으며 약간의 밝은 황색을 띠고 있으나 깨끗하여 호저를 볼 수 있다. 5지의 총저수량은 1억 7천만 m³이며 바이허 강 상류에 넓은 산림대를 가지고 있어 유량이 풍부하고 저수량에 큰 변화가 없는 화산 공원으로서 그 가치가 매우 높다.

화산군 탐승

1983년 중국은 국무원의 공포로 우다롄츠 화산군을 전국중점풍경명승구全國重點風景名勝區로 지정함과 동시에 우다롄츠 시를 설치하여 연지와 주변의 기생 화산들에 대한 보호 · 관리와 관광 개발에 주력하고 있다. 우다롄츠 풍경명승구는 헤이룽장 성의 북부 샤오싱안링小興安嶺 산맥의 서쪽 기슭에 자리잡고 있으며 수리적 위치는 48° 36'-48° 50' N~126° 06'-126° 26' E에 걸쳐 있다.

우다롄츠 화산군은 1719년부터 1721년까지 3년에 걸쳐 언지호 주변에 14좌의 분석구噴石丘를 만들었는데 이들 분석구들은 호소를 중심으로 동서에 잘 안배되어 분포하고 있다. 여기서 분석구란 화산 폭발로 화산성 분출물이 쌓여 만들어진 언덕을 총칭하는데 기생 화산 또는 자화산이 해당된다.

호소를 중심으로 훠사오 산火燒山, 난거라추 산南格拉球山, 베이거라추 산北格拉球山, 라오헤이 산老黑山, 비쟈 산筆架山, 워후 산臥虎山, 야오취안 산葯泉山 등 7좌는 무리를 지어 우다롄츠 서쪽에 자리잡고 있으며 모라부 산莫拉布山, 둥자오더부 산東焦得布山, 시자오더부 산西焦得布山, 둥룽먼 산東龍門山, 시룽먼 산西龍門山, 웨이 산尾山과 잉베이 산影背山 등 7좌는 동쪽에 자리잡고 있다.

① 라오헤이 산(老黑山)

라오헤이 산은 헤이룽 산黑龍山, 옌사 산岩砂山, 셴런 산仙人山 등 여러 가지 별명을 가지고 있다. 우다롄츠 화산군의 중심적 위치에 해당하며 용암 평원상에 자리잡은 원추형 화산으로 그 비고는 166m이다. 이 산은 1719년~1721년 사이의 화산 폭발로 형성되었는데 전체적으로 보면 남고 북저형이고, 우다롄츠 분석구들 중 두 번째로 높으며 해발 고도는 516m이다.

다공성 흑갈색 부석浮石과 화산탄火山彈, 화산력火山礫, 화산재火山灰, 용암고결암熔岩固結岩 등이 많다. 대체로 화산 분출물들은 층상 구조를 나타내는 응회암층으로 온 산을 뒤덮고 있다.
라오헤이 산정의 화구는 깔때기 모양으로 직경 350m에 깊이 136m의 완전무결한 내벽에 둘러싸여 있어 거대한 벼랑이 하늘에 매달려 있는 듯한 인상을 준다.

② 훠사오 산(火燒山)

봉화 산蓬花山이란 별명을 가지고 있으며 라오헤이 산 북동부 4km의 용암 대지상에 자리잡고 있다.
산정의 분화구에는 2개의 일출구溢出口가 있어 화산체를 동서로 양분한다. 이러한 연유로 지역 주민들은 량반 산兩半山이라고도 부르는데 라오헤이 산보다는 왜소하며 해발 고도도 390m에 불과하다. 비고 73m에 비교적 화구가 크며 남북으로 타원형을 이룬다. 남북 2개의 일출구 중 남쪽 것이 비교적 부드러운 U자형을 이루고, 북쪽 것은 V자형을 나타낸다. 화구 바닥은 평탄하며 분석구 정상 부근에는 화산 분출물들이 산재되어 있다.
특기할 만한 사실은 방추형 화산탄이 많으며 고구마만한 크기의 작은 화산탄을 흔히 볼 수 있다는 점이다. 뿐만 아니라 일부 산복부는 지열이 높아 겨울에도 푸른 풀이 자란다.

③ 비자 산(筆架山)

후이쥐 산慧覺山, 싼자오 산三角山 등의 별명이 있으나 주민들은 비자라는 이름을 좋아한다. 비자 산은 라오헤이 산과 워후 산 및 훠사오 산을 연결한 주향인 북동에서 남서 방향의 직선상에 놓여 있다. 해발 고도는 505m, 비고는 125m이며 전체 산형은 남북 방향으로 가파르고 남동쪽으로는 완경사이다.
화산의 생성 연대는 비교적 오래 된 것으로 산상의 용암은 그 풍화도가 매우 높다. 따라서 식피가 좋으며 화구 바닥에는 키 큰 풀들이 많다. 또한 정상에는

100m에 가까운 텔레비전 중계탑이 설치되어 있어 거대한 붓을 푸른 하늘 위로 꽂아 놓은 것처럼 보인다.

④ 워후 산(臥虎山)

창타이 산長泰山이라는 별명이 있다. 우다롄츠 화산군의 남서부에 자리잡고 있는 4개의 분석구가 한데 엉겨 먼 거리에서 보면 마치 드러누운 맹호의 형상을 이루는 데서 워후 산이라는 이름을 얻었다.

워후 산체를 이루는 분석구의 복합체는 현무암과 화산력 외에도 검은색과 홍갈색의 다공성 부석들이 많은데, 이는 화산 분출 말기의 강력한 화산 가스 분출에 수반된 분출물로 관찰된다.

특기할 바는 워후 산체를 이루는 4개의 분석구는 각기 독자적인 분화구를 가지고 있는데 이들의 공통성은 화구의 깊이가 10m 이내의 얕은 접시형을 이루는 데서 그 특징을 찾을 수 있다.

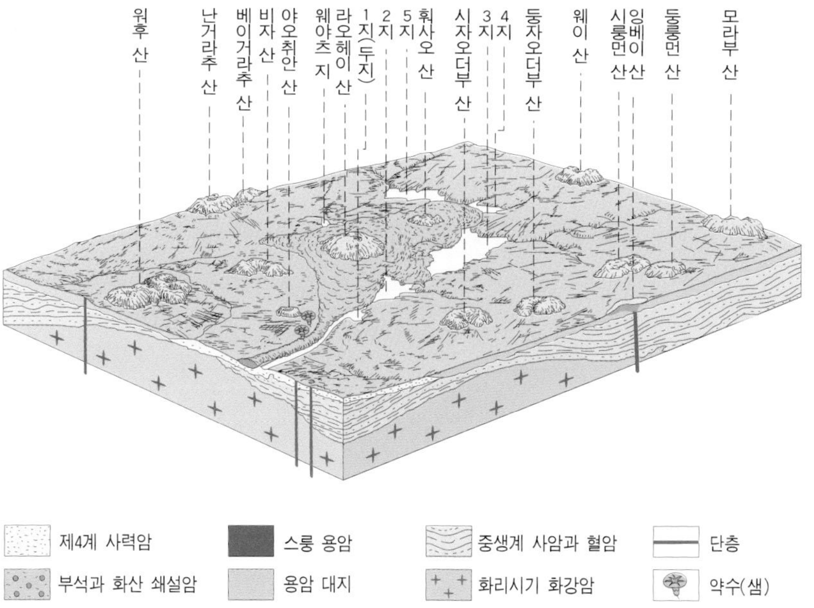

중국이 자랑하는 우다롄츠(五大連池) 화산군과 용암 평원 조감도.

⑤ 난베이거라추 산(南北格拉球山)

우다롄츠五大連池 화산군의 최북방에 자리잡은 두 개의 화산체로 그 거리는 150m에 불과하며 남고 북저, 남대 북소의 모양새를 하고 있다. 또 남거라추 산은 큰 반면, 북거라추 산은 왜소하다.

ㄱ. 난거라추 산(南格拉球山)

푸칭 산福慶山이란 별칭을 가졌으며 해발 고도 591m, 비고 147m의 우다롄츠 화산군 중 최고의 높이를 자랑하는 분석구이다.

분석구의 기저부는 대략 원형에 가깝고 네 면은 30° 내외의 급경사를 이룬다. 산정의 화구는 둥글며 얕은 분지상 구조를 나타내며 직경은 150m인데 오래 전에 담수되어 천지天池라는 이름이 남아 있으나 현재는 고갈되어 있다.

특기할 만한 사항은 화구의 동쪽 벽에 있는 3개의 작은 화구인데 이 소화구들은 직경이 10m 내외이고 깊이도 5m 정도인 분기공噴氣孔의 함몰체로 제주도의 삼성혈과 동일한 성인으로 추정된다.

ㄴ. 베이거라추 산(北格拉球山)

위화 산玉華山이라고도 하며 난거라추 산에서 북동쪽으로 150m 정도의 아주 가까운 거리에 있다. 해발 고도 537m, 상대적 비고 57.5m로 비교적 왜소한 분석구이다. 산정에는 얕은 화구가 있으며 북쪽으로 완경사를 이룬다.

분석구는 흑색과 적갈색의 부석浮石을 비롯하여 현무암과 약간의 흑요석으로 구성되어 있다. 흑요석은 유리 광택을 가진 유문암과 석영안산암질의 유리질을 가진 화산암으로 석기 시대에는 석기의 재료로 애용되었다. 우리 나라의 백두산 부석 사막 지대에도 많으며 목걸이나 넥타이 핀 등의 장신구를 만드는 데 쓰이고 있다.

⑥ 야오취안 산(葯泉山)

일명 지러 산極樂山으로 불린다. 우다롄츠 화산군 남부에 자리잡고 있으며 워후 산과 시자오더부 산의 중간 지점에 위치한다. 1지인 두지頭池와 야오취안허葯泉

河 폭포 부근 용암 평원상에 입지하며 시가지에서 가깝다.

안산암으로 만들어진 우다롄츠 화산 지대 농가의 말구유와 고삐 묶는 통나무가 이색적이다.

야오취안 산은 우다롄츠의 14좌 분석구 중 가장 작으며 왜소한 화산체로 해발고는 336m, 비고는 60.8m이다. 다른 화산에 비해 부석질이 현저히 많다.

산정의 화구는 직경 320m에 깊이 30m인데 남서 방향의 안부를 통하여 자동차 도로가 개설되어 있다. 화구 내의 중링쓰鐘靈寺 절터에는 사찰 재건을 위해 스님이 상주하고 있다.

산 아래에는 시청과 더불어 호텔 및 창소우위안長壽園, 이썬위안益身園 같은 노동자 요양원 등의 많은 복지 시설이 입지되어 있는데 그 이유는 우수한 광물 성분을 가진 샘물들이 용출하고 있기 때문이다. 인체에 유익한 화학 성분을 함유한 저명한 광천수로는 난취안南泉, 베이취안北泉, 판화취안翻花泉, 룽옌취안龍眼泉, 야오취안葯泉 등이 있어 가거백병可祛百病, 연년익수延年益壽의 기치 아래 해마다 음수절 축제가 열린다.

⑦ 웨이산 산(尾山)

창산 산長山, 란루 산髥廬山 등의 별명이 있으며 우다롄츠 분석구 중 가장 북쪽에 자리잡고 있다. 서쪽에는 우다롄츠의 4지四池가 있고 동쪽으로는 모라부 산莫拉布山이 바라다보인다. 해발 고도는 516.6m이고 비고는 96.6m이다. 부근 일대의 용암 평원은 약 24km²에 이르며 평원면의 해발 고도는 360m이다.

화산체는 부석질이 섞인 화산 분출물로 뒤덮여 있으며 대체로 산의 높이에 비해 화구의 길이가 긴 구상체臼狀体(homate)를 이루고 있다. 분석구는 동쪽이 가파

⬆ 부석(浮石)은 말 그대로 물에 뜨는 돌이란 뜻이며 화산 분출 말기의 생성물로 일종의 용암 거품이라고 생각할 수 있다. 분출물의 온도와 냉각 속도에 따라 흑색 및 적색으로 나타난다. 위의 시료는 우다롄츠 화산에서 채집한 적색과 흑색 2가지의 부석이다.

르고 서쪽은 비교적 느린 경사를 이루며 정상부가 평탄한 고립된 화산체이다.

화산체의 생성 연대는 오래 되었고, 용암의 풍화도가 심해 두터운 풍화토가 화산체를 피복하고 있어 다른 화산체에 비해 식생이 매우 좋다.

산정에 올라 동서 양쪽을 조망하면 13좌의 화산 전체가 조망된다. 5지의 맑고 평온함이 눈 아래에 전개되는데 13좌의 분석구와 조화를 이룬 60km²의 용암 평원은 아름다움의 극치를 연출한다.

⑧ 모라부 산(莫拉布山)

일명 루줴 산祿爵山으로 우다롄츠 화산군 중 가장 동쪽에 자리잡은 화산체이다. 화산체는 흑색, 적갈색, 담자색의 부석과 현무암 그리고 기타의 화산 분출물로 이루어져 있다. 해발 고도는 523m이며 비고는 123m이다.

산체는 2개의 분석구가 연접된 형태인데 산정에는 형태가 완전한 두 개의 화구가 있다. 동쪽의 화구는 둥글며 그 직경은 240m이다. 서쪽의 화구와 동쪽의 화구는 서로 붙어 있으며 허리가 잘록한 표주박형을 이루어 극히 흥미로운 모양새를 나타내고 있다. 북동쪽의 화구벽 높이는 20m에 이르며 화구 바닥은 매우 평탄하다.

⑨ 룽먼 산(龍門山)

우다롄츠 화산군의 남동부에 자리잡고 있으며 사람들은 동쪽의 것을 둥룽먼 산, 서쪽의 것을 시룽먼 산으로 부르고 있다. 두 분석구의 사이는 불과 150m이다. 지역 주민들은 통상 솽쯔 산雙子山이라고 부르는데 룽먼 산이란 이름은 그 모양새가 마치 대궐의 문주를 연상하게 한다 해서 붙여졌다고 한다.

ㄱ. 둥룽먼 산(東龍門山)

둥룽먼 산은 해발 고도 557.4m, 비고 137.4m이다. 화산체는 흑색과 자홍색의 유리질 용암의 괴상 분출물로 이루어져 있으며 산정의 화구는 마제형馬蹄形을 이루고 있다.

ㄴ. 시룽먼 산(西龍門山)

시룽먼 산의 해발 고도는 581.4m, 비고는 156.4m이다. 화구는 초승달 모양으로 북서쪽이 높고 남동쪽은 점차적으로 낮아진다. 화구 바닥은 비교적 평탄하며 용암괴들이 흩어져 있다.

⑩ 잉베이 산(影背山)

안더푸 산安得福山, 궈슈 산果修山, 즈주 산蜘蛛山, 샤오구 산小孤山 등 별명이 많은 산으로도 유명하다.

용암 평원상의 민가와 현무암으로 된 울타리는 제주도에서도 볼 수 있듯이 화산 지대의 일반적인 풍경이다.

◘ 화산 분출물의 퇴적과 단층 작용으로 만들어진 단애. 단애 위의 대지에는 촌락이 입지한다.

뿐만 아니라 신비로운 전설도 많이 간직하고 있는데 그 가운데 대표적인 것이 지주蜘蛛의 전설이다. 옛날 화구 안에는 지주(거미)의 정령이 살고 있었는데 늘 사람들을 감시砍柴(타제 석기의 일종, 주먹도끼)로 때려 상해를 입혔다고 한다. 그런데 어느 용맹한 청년이 이 지주 요정을 때려 죽여서 주민들은 다시 생업에 충실할 수 있었다는 내용의 전설이다.

⑪ 둥시자오더부 산(東西焦得布山)

둥자오더부 산과 시자오더부 산은 서로 불과 3km의 거리에 있어, 지역 주민들은 이를 통상 자매산(쯔메이 산)姉妹山이라고 부른다.

ㄱ. 둥자오더부 산(東焦得布山)

호우자오더부 산后焦得布山 또는 푸퉈 산普陀山이라고도 한다. 해발 고도는 532m이며 비고는 107m이다. 화산체는 전형적인 원추형을 이루며 사면은 평균 30°의 급경사이다. 산정의 화구는 원형이며 화구벽은 북쪽이 약간 높다. 화구의 바

제주도 민가의 막대기 걸친 대문 표지와 달리, 우다렌츠 지역에서는 기대석에 묶어 세운 기둥 대문을 만들었다.

닥은 평탄하며 남쪽으로 화구벽이 침식되어 V자형으로 개석되어 있다. 이 화산의 특징은 용암 동굴인 풍동風洞을 가지고 있다는 것이다.

ㄴ. 시자오더부 산(西焦得布山)

첸자오더부 산前焦得布山이나 차오위엔딩朝元鼎이라고도 한다. 해발 고도는 480m이며 비고는 60m이다. 화구의 모양은 둥글며 그 깊이는 30m에 이른다. 화구 바닥은 평탄하며 원형 극장과 같은 인상을 준다. 원추 화산체는 두터운 풍화토로 피복되어 있어 수목이 무성하다. 화산체 북록의 백화림白樺林이 유명하며 빙동氷洞이라는 이름의 용암 동굴도 유명하다.

우리 나라 제주도 화산군과의 비교

중국이 자랑하는 화산 박물관 '우다렌츠 화산군'을 돌아보면서 자연스럽게 우리 나라의 제주도 화산군과 비교하게 되고 그 중요성을 더욱 실감하였다.

우다렌츠 화산군이 입지하고 있는 용암 평원은 총면적 60km^{2}에 14좌의 기생 화

투수성이 좋은 현무암 지대의 특성상 우리나라의 제주도와 다를 바 없는 밭농사 위주의 경작이 생산의 대종을 이룬다. 현무암 울타리는 개간을 위해 제거한 돌들로 쌓은 것인데 경지를 구분해 주는 기능도 수행한다.

산체가 분포하고 있을 뿐이다. 이들 분석구를 개별적으로 파악하여도 도합 20기 미만이며 용암 동굴도 세 곳에 불과하다.

그러나 제주도는 총면적 1792.6km²의 섬 전체가 하나의 큰 화산섬이며 한라산을 주화산으로 360개의 기생 화산, 즉 분석구로 이루어진 화산 지형 연구의 성지이다. 또한 독일의 유명한 화산학자 슈나이더Schneider, K.가 분류한 폭렬 화구(maar)에 해당하는 산굼부리를 비롯하여 모든 화산 지형을 관찰 · 연구할 수 있는 훌륭한 화산 지형 연구의 터전인 것이다.

각종 화산 분출물과 퇴적층을 비롯하여 각기 다른 분화구의 모습이며 산정에 직경 200m의 천지를 이루고 있는 물장올과 성산 일출봉이란 이름의 구상 화산체(homate)도 세계에서 유례가 없는 모식 중의 모식이다.

얼마 전 미국의 하와이에 있는 화산 박물관과 애리조나 주의 사화산 선셋크레이터Sun set crater를 살펴볼 기회가 있었는데 제주도는 사화산이므로 하와이 섬의 동적 개념에 비하면 애리조나처럼 정적 개념이라 할 수 있다. 그러나 제주도의

제주도는 섬의 특성상 사철 바람이 거세게 불기 때문에 지붕을 새끼줄로 그물처럼 엮어 강풍으로부터 지붕이 날아가는 것을 막고 있다.

화산 지형은 애리조나의 선셋크레이터나 중국의 우다롄츠 화산 지형에 비하면 그 규모나 경관 면에서 비교가 안 될 정도로 뛰어나다.

한편 우다롄츠 휴화산의 농촌 풍경에서는 제주도의 경관과 너무도 많은 공통점을 발견할 수 있어 친근감마저 느끼게 된다. 흔한 다공성 암석인 현무암을 이용한 생활 문화가 바로 그것이다. 현무암은 잘 쪼개지고 쉽게 다듬어지는 특성을 가지고 있어 옛날부터 자주 이용되었는데 현무암 울타리와 현무암 벽체로 된 주거는 제주도의 그것과 외형상 다를 바가 없어 보였다. 다만 제주도의 지붕은 이곳보다 강한 바람 때문에 그물망으로 덮여 있다는 점이 다르다.

07 동토의 열카르스트 지대

⭘ 무인 지대인 동토의 열카르스트 지역을 종횡무진 누빈 옛 소련제 지프의 허름하지만 당찬 모습.

우다롄츠를 등지고 동토의 열카르스트 지대로

우다롄츠의 우측을 돌아 거추산格球山 농장, 치싱파오七星泡 농장, 넌장嫩江 농장, 쓰스리허四十里河 농장 그리고 리신立新을 거쳐 넌장嫩江에 이르는 무인 지대의 험로를 따라 지프는 겁없이 달렸다.

강수량이 적은 건조한 동토 지대는 태양열을 받는 주간과 야간의 온도 차이 때문에 융해와 동결을 되풀이하며 노면에 무수한 와지窪地들을 만들어 놓는다. 그리고 이러한 형태의 지형은 카르스트 지역의 돌리네군을 연상시키기 때문에 열카르스트(thermo karst)라고 부르는데 이 지역이 바로 그런 곳이다.

따라서 이 일대의 도로 사정은 매우 열악하여 마치 특수 작전을 벌이는 것 같은 착각을 일으키기에 충분하였다. 도로 곳곳에 패인 웅덩이게 차가 처박히는 일은

다반사였다. 웅덩이를 올라갈라치면 앞길은 보이지 않고 하늘만 보였다. 하루 종일 달려도 자동차와 사람은 고사하고 야생 동물 한 마리, 심지어 날짐승조차 볼 수 없었다. 그야말로 살벌한 여행이었다. 만약 이 156km의 구간에서 지프에 문제라도 발생했다면 우리는 오도 가도 못한 채 길가에 모닥불을 피우고 혹한과 싸우는 수밖에 없었을 것이다. 다행스럽게도 옛 소련제 군용 지프는 베이안을 떠나 이틀이나 달렸어도 한 번의 고장도 없이 완주해 주었다.

밤 9시가 지나 간신히 도착한 곳은 철도 교통의 요지 넌장역이었다. 넌장嫩江은 치치하얼에서 243km로 헤이룽장 성 북동부에 자리잡은 부서선富西線 : 富裕 - 西林吉상의 주요 도시 중 하나이다.

여장을 챙기고 우선 일행과 더불어 식당을 찾았는데 식사 전 맛보기로 나온 음식의 향기와 맛이 천하의 별미였다. 부추를 잘게 썰어 찹쌀가루로 물반죽을 하고 콩기름으로 후라이팬에 구운 다음 반달 모양으로 접은 것이다. 식사를 마친

⌃ 주야간의 온도 차이로 동결과 융해를 반복하면서 노면이 무수한 와지로 변하여, 지프는 오장육부가 뒤틀리는 고난의 행로를 거쳐야만 했다.

다음에는 지난 하루 동안 오장육부가 뒤틀리는 험로를 쉴 새 없이 달려오느라고 수고한 몸을 쉬게 하였다. 그리고는 내몽고 철도 교통의 요충지 자거다치加格達奇로 갈 기차표를 구입하고 넌장 일대의 환경 탐색에 나섰다.

넌장嫩江은 몽골 어로 '푸른 초록의 강'이란 뜻을 지니고 있다. 1908년에 넌장부府가 설치되었으며 1913년에 넌장 현縣으로 개정되어 오늘에 이르고 있다. 행정 구역상 헤이룽장 성 북서부 넌장 강 상류의 헤이허黑河 지구와 내몽고 자치구 사이에 끼어 있다. 또 총면적 15,360km²에 45만 명의 인구를 수용하고 있으며 14개의 향鄕과 5개의 진鎭으로 나뉘어 있고 현 인민정부의 소재지이다. 주민은 몽고족, 다워얼達斡爾족 등 소수 민족들로 구성되어 있다.

자연 환경을 살펴보면, 쑹넌松嫩 평야의 북부 샤오싱안링小興安嶺 서쪽 기슭에 자리잡고 있으며 지세는 북동쪽이 높고 남서쪽이 낮다. 평균 해발고도는 250m

동토의 무인 지대를 관통하여 마침내 사람이 사는 치싱파오(七星泡) 농장에 이르렀다. 이 곳에서는 짧은 여름 동안 추위에 강한 내한성 작물을 재배한다.

내외이며 북쪽으로는 헤이옌펑黑岩峯, 바이스펑白石峯, 밍싱펑明興峯 등 해발고도 500m 이상의 구릉성 산지들이 솟아 있다. 더두 현德都縣에는 우다롄츠 같은 화산군인 다이 산大椅山, 샤오이 산小椅山 등의 옛 화산들이 분포되어 있다. 주요 하천으로는 지역의 서쪽을 종관縱貫하는 워두 강臥都河, 먼루 강門魯河, 커뤄 강科洛河 등 넌장 강嫩江으로 유입되는 주된 지류들이 있다.

기후는 냉대 대륙성 기후이다. 겨울철에는 몽고 고원에서 불어 오는 한랭한 시베리아 기단의 영향으로 한냉 건조하다. 쾨펜의 기후 구분상으로는 냉대 하계 다우형 냉량 기후인 Dwb에 속한다. 연평균 기온은 −0.6° C이며 최한월인 1월 평균 기온은 −25.3° C, 최난월인 7월 평균 기온은 20.5° C이다. 연평균 강수량은 485mm이며 무상기일은 105일이고 일조시수는 2,631시간이다. 아마 농업의 한계 온도가 연평균 기온 0° C라는 점을 생각한다면 이 지역의 기후 조건을 이

넌장(嫩江)역 광장에서 땔감을 팔고 있는 역 청탄장수. 둥베이 지방에서 석탄과 장작은 중요한 연료이다.

해할 수 있을 것이다.

이처럼 낮은 기온 때문에 그 동안 이 지역은 토질이 비옥하고 수자원이 풍부해도 농사짓기가 힘들었다. 그러나 최근에는 내한성이 강한 조생 품종의 개발로 벼농사를 비롯한 각종 농작물의 재배가 이루어져 미래의 식량 수급에 대한 전망을 밝게 하고 있다.

숨 쉬는 동물들은 모두 고드름을 달고

넌장의 아침이 밝았다. 가볍게 아침 식사를 하고 넌장역 광장으로 나가자 기이한 장면이 눈에 들어왔다. 사람이나 망아지나 황소나 모든 숨쉬는 동물들이 얼굴을 흰 고드름으로 장식하고 있었는데 그 모습이 마치 사자의 갈기 같았다.

역전 공중 변소에 들렀을 때에는 난감한 상황에 직면했다. 코에 닿도록 경사가

강추위로 사람도 망아지도 입가 주위에 고드름이 주렁주렁. 모든 숨쉬는 동물들이 추위에 움츠리고 있었다.

가파른 누런 빙산이 눈 앞을 가로막았는데, 알고 보니 소변이 그 즉시 얼어붙은 상태가 누적된 때문이란다. 아이젠 대신 새끼줄을 발등에 칭칭 감고 코 다칠세라, 신발 얼어붙을 세라 힘겹게 볼일을 보고 내려와야 했다.

1993년 1월 14일 날씨는 맑고 상쾌하였다. 배낭 후면에 매달고 다니는 온도계를 바라보니 섭씨 영하 40도. 그러나 바람이 없고 평온하기 때문에 호흡할 때 비점막에 약간의 자극이 있을 뿐 활동에는 별 무리가 없었다. 시내 이 곳 저 곳을 헤집고 다니며 사진 촬영에 정신을 팔다가 얼떨결에 시계를 보니 벌써 정오였다. 호텔로 돌아와 점심 식사를 마친 뒤 여장을 챙겨 넌장 역사로 들어섰다.

오로첸족이 사는 내몽고의 자거다치(加格達奇)

발차 시간이 13시 20분이라 숨 돌릴 시간도 없이 개찰한 뒤 달려 온 객차에 바로 승차하였다. 넌장과 자거다치 사이의 거리는 188km인데 운임은 7위안(0.9$)이었다. 19시 30분에 자거다치역에 도착하였으니 6시간 10분을 달린 셈이다. 역전 부근 산청 반점山城飯店에 일금 33위안(4.5$)을 지불하고 입실하였다. 쾌적한 환경은 아니지만 여행에 지친 몸이라 침낭을 펴고 단잠을 잘 수 있었다.

내몽고의 수렵족 오로첸족이 살아가는 오로첸쯔즈치鄂倫春自治旗(기旗는 진鎭과 같은 행정 단위임)의 기도旗都 자거다치加格達奇에 새 날이 밝았다. 오로첸鄂倫春, 즉 '산마루에 사는 사람' 이란 뜻을 지닌 이들은 숲 속의 엽사들로 약 2,000명 정도가 다싱안링大興安嶺의 남쪽 기슭 산림 속에 살며 오로지 수렵에만 의존하여 의식주를 해결한다. 마치 노르웨이나 핀란드의 북극권에 사는 라프족이나 핀족에게 '순록의 기생충' 이란 별명이 붙여진 것처럼 다싱안링의 오로첸족은 '야생 동물의 기생충' 으로 산에서 나고 산에서 죽는 수렵족인 것이다.

자거다치加格達奇란 오로첸 어로 '장자솔樟子松의 지방' 이란 뜻을 지니고 있다. 내몽고 자치구 후룬베이얼멍呼倫貝爾盟 오로첸쯔즈치鄂倫春自治旗 동쪽에 자리잡고 있는데 바로 다싱안링의 동쪽 기슭에 해당한다. 네 면이 산으로 둘러싸여 있

대기 오염이 심한 대로를 활보하는 사람, 우마차, 자전거의 물결.

고 간허 강甘河이 길게 흐른다. 1960년 진鎭이 설치된 이래 임산물 가공업과 제재업이 성하여 도시화가 급진전되었다. 몇 년 전 칭하이 성青海省의 황중湟中 루사얼 진魯沙爾鎭에 자리잡은 타얼쓰塔爾寺를 방문했을 때 사귄 몽고인 도코르니마都古爾呢瑪의 고향이라 그에 대한 생각이 간절했다.

우선 오로첸족도 만날 겸 사람들이 많이 모이는 역전 광장으로 나갔다. 도시는 비교적 활기찬 모습이었으며 일거리를 얻기 위해 많은 사람들이 웅성거리고 있었다. 광장 모퉁이의 지저분한 화장실 근처에 마차꾼들이 10여 명 정도 옹기종기 모여 있었다. 망아지들은 추위를 이기려고 콩 섞인 여물을 열심히 먹거나 아니면 옆에 있는 망아지와 싸움판을 벌이고 있었다. 씩씩거리며 박치기를 하거나 물고 뜯는데 망아지들의 힘겨루기가 어찌나 재미있던지 발길을 옮기기가 힘들었다.

나는 어디를 가나 습관적으로 물건을 사고파는 시장을 즐겨 찾는다. 자거다치의 공설 시장에서는 한 상인을 만났는데 그는 자신이 신은 압축 양모 소재의 장화와 내가 신은 군용 고무장화의 성능을 비교하느라 분주하였다. 허여멀쑥한 백인계 러시아 사람의 피를 받은 이 청년은 절대로 미끄럽지도 않으며 발도 시리지 않다고 이만저만 자랑이 아니다. 나도 신발을 벗어들고 공기를 집어넣으며 쇼를 부렸더니 순식간에 주변은 구경꾼으로 가득했다.

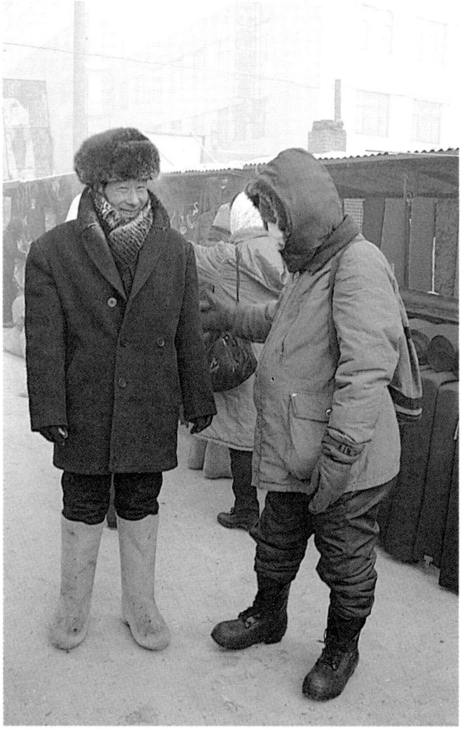

자거다치(加格達奇)의 공설 시장에서는 아라사족 중국 청년과 그의 양가죽 장화와 필자의 군용 설화의 내한성을 비교하며 즐거운 시간을 보냈다.

중국은 어디를 가나 먹을 것, 마실 것, 입을 것이 풍성하다. 특히 천연의 고성능 냉동고랄 수 있는 이 곳에는 돼지고기, 쇠고기, 양고기를 비롯한 각종 육류와 각종 냉동 생선 등 먹거리가 즐비하다. 냉동에 적합한 대표적 과일인 냉동 연시를 비롯하여 냉동 귤, 냉동 바나나 등을 마대에 가득가득 담아 놓고 긴긴 겨울 내내 신선한 과일을 즐기는 이 곳 주민들의 행복한 삶을 새삼 생각하게 되었다.

인간의 생활 향상을 위한 무한한 가능성과 환경 적응을 위한 지혜로운 활동의 결과는 이글루라는 에스키모의 얼음집이나 이즈바라는 타이가 지역의 통나무집 외에 절묘한 식품 저장법에도 드러나고 있었다.

08 중국의 베이지춘(북극촌) 모허

최북단 한국 모허(漠河)로 가는 길

베이지춘北極村은 중국의 최북단 촌락을 가리키는 말이다. 우리는 중국의 극북極北이며 한극寒極 중의 하나인 베이지춘 모허漠河를 탐사하기 위해 내몽고의 자거다치를 등지고 1993년 1월 15일 오전 10시 반 제375호 열차에 승차하였다. 끝없는 타이가의 수해樹海 속을 뚫고 만든 철로를 따라 시속 43km로 구절양장의 끝없는 사행蛇行이 계속되었다. 총 475km에 11시간이 소요된 아주 긴 여행이었다. 그러나 서울에서 부산 가는 거리임에도 불구하고 훠처잔(정거장)의 숫자를 세어 보니 18개에 불과하였다. 역 사이의 평균 거리는 26km로 우리의 척도로 따지면 65리에 해당한다.

자거다치를 떠나 처음 정차한 정거장은 샤오양치小揚氣였는데 역구내의 도표를 보니 자거다치와의 거리가 자그마치 56km, 즉 140리에 달했다. 놀라운 거리가 아닐 수 없다. 그러나 이미 '수해樹海'로 명명된 무인지경이고 설사 사람이 있다 한들 문명을 등지고 사는 숲속의 사냥꾼 오로첸족들뿐이니 불편을 말할 곳이 아

무데도 없었다.

몇 정거장을 지났는지 기차는 힘에 겨워 숨을 몰아쉬었다. 지도를 살펴보니 다싱안링大興安嶺의 북쪽 주봉인 다바이 산大白山(1,529m)에서 시작된 이러후리 산맥伊勒呼里山脈을 넘고 있었다. 가도 가도 끝없는 자작나무숲, 무진장한 임산 자원. 실로 자원의 보고라 아니할 수 없었다.

기차는 내리막길에 들어섰고 잠시 후 어느 역사 앞에 멈추어 섰다. 역사의 간판을 쳐다보니 바로 '린하이林海'였다. 린하이 역사의 주변은 저목장이어서 원목이 산을 이루고 있었다. 이 곳에는 후위안呼源을 거쳐 후중呼中, 비수이碧水, 린창林場으로 들어가는 산림 철도인 린비선林碧線 115km가 개설되어 있었다.

샤오양치에서 린하이까지의 거리는 무려 108km인데 그 이름처럼 인간의 손길이 닿지 않은 원시림의 바다에 살고 있는 짐승들과 오로첸 수렵족의 생활을 마음 속으로 그려 보며 여행하는 것도 즐거운 일이란 생각이 든다.

길가의 설화(雪花). 대기 중의 습기는 강추위로 인해 눈이 되어 흩날리며 나뭇가지에 붙어 설화 현상을 일으킨다.

자거다치에서 475km 떨어진 시린지로 향하는 연도에는 끝없이 전개되는 다싱안링의 수해(樹海)와 만나게 된다. 원목을 가득 실은 화물 열차와 산더미 같은 역구내의 저목장이 볼 만하다.

시린지 역구내에서 반출을 기다리고 있는 저목장의 원목들.

다시 달리기 시작한 기차는 어느덧 타허塔河를 지나 판구盤古에 이르렀는데 린하이에서 194km를 달린 것이다. 이제 대망의 시린지西林吉까지는 117km. 그러나 앞을 분간할 길 없는 캄캄한 밤이라 동승객들과 정담을 나누는 것으로 긴 시간을 보냈다.

드디어 시린지에 도착하였다. 시계를 보니 밤 9시 30분. 자거다치에서부터 장장 11시간을 원시림과 역사 부근의 저목장만을 바라보며 여행한 셈이다.

중국의 최북단 철도역인 시린지역(西林吉站)의 역사.

시린지(西林吉)에서 만난 동포

시린지역 앞에서 시가지까지는 상당한 거리인 것 같았다. 택시를 잡아타고 외국인이 유숙할 수 있는 호텔로 갈 것을 부탁하였더니 모허 빈관漢河賓館으로 데려다 주었다. 일금 51위안(6.8$)을 지불하고 특실로 들어갔는데 넓은 침실과 응접실이 구분되어 있었다. 겹겹으로 방한 장치가 되어 있는데다 난방용 스팀 장치도 잘 되어 있어 내복 바람으로 지낼 수 있었다. 유리창을 통하여 밖의 사정을 살펴보니, 방마다 환기 구멍 아래에 겨우내 겹겹으로 쌓이고 쌓인 누런 얼음벽과 고드름 덕분에 마음 속 깊이까지 한기를 느꼈다.

그 동안의 일기와 각종 영수증을 비롯한 자료들을 정리하고 지도를 살피며 내일의 일정을 구상하였다. 그리고 한 동안 소식을 전하지 못한 중국인 친구와 고국의 친지들에게 편지를 썼다.

시린지西林吉는 북위 53도 31분과 동경 122도 20분의 교선상에 입지하는 중·러 국경의 임업 도시이며 중국의 최북단 지역인 모허 현漢河縣의 중심지이다. 모

시린지에서 만구이진(滿歸鎭)으로 이동하며 목격한 광경. 축력 썰매를 이용하여 원목을 집산지로 운반하는 원시적 이동 수단이 동원되고 있다.

허 현은 1917년에 처음 현이 설치되었지만, 해방 후인 1947년에는 다싱안링 지구, 즉 자거다치 지구의 후마 현呼瑪縣에 편입되었다가, 1981년 헤이룽장 성의 한 현이 되어 오늘에 이르렀다.

이 곳은 헤이룽 강 정기 여객선의 운항 종점이며 임산 자원이 매우 풍부한 지역이다. 또한 이 곳에서는 현재 최고 양질의 금이 생산되고 있는데 청 광서 12년(1886)에 모허 금광이란 이름으로 개발되기 시작한 이래 지금에 이르고 있다.

특히 모허 지역은 중국에서 유일하게 백야 현상白夜現象을 관찰할 수 있는 곳으로 유명하다. 모허의 여름철은 낮이 길고 밤이 짧아서 하지를 전후한 약 2주간은 두 시간 동안 하늘이 약간 어두워졌다가 이내 다시 밝아진다.

한편 겨울의 동지를 전후해서는 낮이 짧고 밤이 긴 장야 현상長夜現象이 일어난다. 오전 10시에 해가 뜨고 오후 1시면 밤이 되며 기온이 섭씨 영하 50도까지 내려가는 무서운 혹한이 지속된다. 따라서 이 곳은 1년 중 8개월 가량 몹시 추운 겨울이 지속되며 흑룡강 강물이 2m의 두께로 결빙한다. 이 때에는 화물을 가득 실은 트럭이 강 위를 마음대로 질주할 수 있어 동절기를 이용한 강상 교역이 성행하기도 한다.

요즈음 하지 때가 되면 시린지에는 백야 현상과 오로라 현상을 감상하기 위해 전국 각지에서 사람들이 모여들어 성시를 이룬다고 한다. 드디어 관광 산업에 눈을 뜬 모양이다.

서둘러 아침을 먹고 도심 쪽으로 나가 보았다. 초라한 간판이기는 하나 분명히 '조선냉면관朝鮮冷麵館'이란 글자가 눈에 들어왔다. 눈을 비비고 다시 보아도 틀림없는 조선냉면관이었다. 너무나 반가움에 문을 열고 들어섰는데 40대 후반의 흰 가운을 입은 아주머니가 흰 모자를 쓰고 반가이 맞아 주었다. 여기까지 오게 된 사연을 듣고 싶어 아침 식사를 또다시 주문했다. 그의 이름은 김옥순으로 남편은 모허 현 시린지 임업국 조도실調度室에 근무하는 강덕세 씨이며 중학교를 졸업한 남매와 더불어 네 식구가 단란하게 살고 있었다.

시린지에서 '조선랭면관'을 경영하는 김옥순 씨(가운데).

그녀는 시린지에 우리 조선족 동포들이 20호 약 50명 가량 살고 있으며 모두 자수성가하여 이제는 살 만하다고 전해 주었다. 그리고 이렇게 되기까지 그들에게는 잊지 못할 비운의 역사가 있음을 들려 주었다.

1978년 일어난 산림 대화재가 바로 그 원인인데, 3월 말부터 시작하여 약 50여 일에 걸쳐 지속된 이 대화재는 급기야 인구 2만의 임업 도시 시린지를 5월 7일부터 3일 만에 완전히 잿더미로 바꾸어 버렸다고 한다. 4개 사단의 대병력이 진화 작업에 투입되었으며, 진화 작업에 공로가 큰 민간 출신의 '털보사장' 이란 별명을 가진 한 조선족이 일약 장군으로 특채되는 이변을 낳기도 했단다. 그리고 이렇듯 화마가 할퀴고 간 잿더미 속에서도 이들은 형제와 같은 우애로써 상부상조하며 타고난 부지런함으로 오늘의 재건을 이루었고, 지금은 동토의 땅에 채소를 가꾸며 유복하게 살아가고 있다고 한다.

베이지춘 모허(漠河)

모허 촌은 헤이룽 강가의 하안 단구면에 입지한 조그마한 국경 촌락이다. 중국의 최북단에 있으며 가장 추운 한국의 하나이기 때문에 베이지춘(북극촌北極村)이라 불린다.

시린지에서 한식당을 경영하는 김옥순 씨의 소개로 우리 나라의 타우너처럼 생긴 조그마한 승용차를 대절하였다. 그런데 히터가 무색할 정도로 추우니 이것

◎ 대절한 소형차를 이용하여 중국의 극북인 모허 촌으로 향하였다.

베이지춘 모허의 입구에 있는 검문소. 여기서부터 모허 촌의 출입이 엄격하게 통제된다.

모허 촌임을 알리는 표지판. 모허의 1월 평균 기온은 영하 30℃를 오르내린다.

북국변수(北國邊陲), 즉 나라의 최북단이란 표지 비석.

또한 장식품에 불과하였다.
다행스럽게도 방한 장비로 바지저고리가 맞붙은 털 달린 방한복과 70도의 발열을 15시간 이상 지속하는 쑥찜팩, 그리고 미군의 설한지 작전용 고무장화와 군용 개발 장갑이며 눈과 숨구멍만 뚫린 군용 방한 털실모자 등을 준비했는데 모두 손색 없는 장비들이었다.
그 외에도 반 년 동안을 꼼꼼히 준비한 방한 장비들은 어느 것 하나 말썽부리지 않고 위력을 발휘하였다. 좁은 차내에서 장정 네 사람의 입김은 운전대의 앞과 옆, 뒷유리창 하나 가릴 것 없이 얼음으로 변하게 했는데 특히 혹시나 하며 집어넣은 우리나라의 현대자동차에서 만든 성에긁기 2개는 효과 만점이었다. 그렇지만 연신 긁어도 끝없는 고행이라 팔엔 풍이 들 것만 같았다.
이렇게 60km나 되는 빙판길을 3시간이나 가야 한다니……. 다행스러운 것은 끝없는 눈길(눈이라기보다는 서리가 미처 녹지 못해 쌓인 것)에 교통량이 전혀 없어 충돌 사고가 일어날 리 없다는 점이었다. 어질고 착하게 생긴 운전원은 미소만 머금고 있으니 짜증 한번 낼 일도 없었다.
미끄러지며 차가 멈춰 서자 군인 한 사람이 가까이 다가와 검문을 했다. 모허 촌은 국경 마을이라 검문소가 있다. 그는 여권을 요구하며 여행 목적과 체류 기간을 확인하고는 들어가도 좋다는 수신호를 보냈다.
우선 차를 몰고 얼어붙은 헤이룽 강가로 갔다. 2m 두께로 얼어붙어 있었기 때문에 채빙이 한창이었다. $1m^3$짜리 빙괴가 채취되어 여기 저기 나뒹구는 것도 장

중러 국경 무역이 이루어지는 모허 촌 북극 시장의 정자 간판.

모허의 헤이룽 강은 겨울철에 2m의 두께로 얼어붙는다. 사람들은 여름철 냉장용으로 사용하기 위해 이 얼음을 채빙한다. 헤이룽 강에서 채빙되는 1m^3 크기의 얼음덩이.

◘ 이즈바(izba)라고 하는 개량형 통나무집 주변에는 어디를 가나 장작이 산더미처럼 쌓여 있다. 이 지역에서는 조생종 감자를 생산해 주식으로 애용한다.

관이었다.

북극촌 모허漠河의 모든 집들은 통나무로 지어졌는데 통나무를 반으로 쪼갠 개량형 구조도 있었다. 이즈바izba란 통상 우리들이 생각하는 조잡한 귀틀집과는 거리가 먼 개량형이었다. 타이가 지대인 아무르 강가에 제멋대로 자리잡은 통나무 집촌은 집집마다 판자로 된 울타리와 판자지붕을 씌운 조그마한 대문을 만들었다. 또한 어디를 보아도 땔감으로 쓸 장작이 산더미처럼 쌓여 있었다. 북극촌 모허와 같은 가옥 구조는 이후 다싱안링大興安嶺을 넘어 내몽고의 만구이滿歸까지도 이어졌다.

운전원의 부인 이 펑스伊鳳施가 모허에 살고 있는 동생 이 펑링伊鳳玲의 집에 가 보자고 권하였다. 그렇지 않아도 이즈바의 내부 구조에 관심이 있던 터라 쾌히 승낙하였다. 안내된 집의 내부는 우리 나라의 관북형 겹집 구조로 캉炕(난방 시설의 일종)이 아닌 온돌 구조였다. 삶은 감자를 대접받았는데 전분과 당도가 높아 아주 맛있게 먹었다.

중화인민해방군 중·러 국경 초소의 경비병 숙소와 망루.

점심 식사 후 다싱안링 사범대학 교육학과 3학년 여학생인 이 펑링伊鳳玲의 안내로 국경 수비대 초소를 찾아갔다. 모허 촌에서 헤이룽 강 하류 쪽으로 2km를 내려가면 중화인민해방군 국경 경비 초소의 건물들이 있었다. 우리를 안내한 중화인민해방군 중사는 경비병을 위한 병사兵舍와 전망대, 그리고 중·소 국경 회담이 개최되었던 2층으로 된 우아한 백색 건물이 기념관으로 보존되고 있다고 설명하였다.

무력 충돌을 가져온 중·소 국경 분쟁이 시작된 것은 1969년 3월 2일이다. 이 날 소련의 국경 경비 병력들은 헤이룽 강의 강섬 진보도珍宝島에 침입하였다. 진

○ 북극촌 모허의 헤이룽 강가에 건설된 중·소 국경 분쟁의 회담 장소. 1969년의 진보도 사건도 이 곳에서 해결되었으며 현재 기념물로 보존되고 있다.

보도는 헤이룽 강에 떠 있는 면적 0.7km²의 하중도로 일찍이 중국 사람들이 점유하여 대대로 살아 온 전통적인 중국인 촌락이며 중화인민해방군 전사들이 국경 경비를 위하여 상주하여 온 섬이었다. 그러나 아무런 까닭도 없이 장갑차 2대에 분승한 70여 명의 소련군 병사와 이를 지휘하는 장교를 태운 지휘차가 내습하여 총격전을 벌임으로써 쌍방의 전투력과 민간인 피해가 발생하였다. 중국 정부의 강력한 항의에도 불구하고 또다시 3월 4일부터 17일까지 수차에 걸쳐 침입과 격퇴가 반복되었다.

이와 비슷한 사건이 신장웨이우얼 지역에서도 발생하였으며 중국 정부는 강력한 항의를 하였다. 결국 이것은 외교 문제로 비화되어 소련측이 이로 인한 피해를 보상하고 이와 유사 사건의 재발 방지책을 제시함으로써 매듭지어졌다.

이 사건을 비롯한 중·소 국경 문제의 해결을 위한 현지 회담 장소로 모허에 건설된 이 백색의 2층 건물은 이처럼 큰 역사적 의의를 지니고 있어 앞으로 관광 자원으로서의 활용 가치도 매우 크다고 보겠다.

중사의 안내로 망루에 올라가 헤이룽 강 쪽을 바라보니, 모허보다는 약간 큰 러시아의 이거나쓰이눠伊格那思依諾(Ignashino)란 촌락이 눈앞에 전개되었는데 바야흐로 저녁 식사 때인지라 마을은 온통 굴뚝 연기로 자욱하였다.

아무르 강가에 있는 러시아의 국경 도시 이거나쓰이눠로 중국의 모허 촌과 마주보고 있다.

09 다싱안링을 따라 남으로

다싱안링의 위디 산(玉地山) 안부를 북에서 남으로 횡단

장야 현상長夜現象이 나타나는 고위도 지방에서는 백설에 뒤덮인 눈부신 낮 시간을 느끼기도 바쁘게 어느덧 밤그림자가 깔렸다. 병사들과의 작별 인사를 나누고 서둘러 시린지西林吉로 돌아왔다.

모허빈관에서 긴긴 밤 일기를 쓰고 자료를 정리하다가 자정이 지나서야 잠자리에 들었다. 운전사와는 날이 밝으면 10시경에 만구이滿歸로 떠나기로 미리 약속을 해 두었다.

1월 17일 아침 10시경 날시는 쾌청하였는데 온도계를 바라보니 영하 42도였다. 그 동안 도움을 준 강덕세 씨 내외를 찾아 인사를 하고 이 펑스의 소형차로 남진하기 시작하였다. 다싱안링大興安嶺에서 북류하는 어무얼 강額木爾河의 1차 지류인 라오차오 강老槽河을 거슬러 남진하는데 강추위가 사람을 삼킬 듯이 매서웠다. 운 좋게 길가에 좡린壯林 임장의 현장 사무실이 있어 잠깐 쉬기로 하였다. 어둡고 컴컴한 현장 사무실에는 난로가 온통 시뻘겋게 달아올라 있었다. 꽁꽁 얼은 몸을 녹이고 기력을 회복한 후 우리는 다시 남진을 계속하였다.
눈 덮인 꼬불꼬불한 빙판 고갯길을 얼마나 올랐는지 제법 평탄한 다싱안링의 분수령에 다다른 모양이었다. 이 곳은 위디 산玉地山의 안부(산마루가 말안장처럼 잘록하게 들어간 부분)로 헤이룽장 성과 내몽고의 경계 지대이다. 여기까지 오는 동안 차 한 대 구경 못했지만 그래도 가끔은 사람들의 왕래가 있는지 입경入境하는 사람을 환영하는 아치가 영마루의 큰 길을 가로지르고 있었다.
이제 남서류하는 아오루구야 강敖魯古雅河을 따라 아오루구야 어원커족향敖魯古雅鄂温克族鄉인 만구이 진滿歸鎮까지 가면 다시 야커스 시牙克石市로 가는 기차와 연결될 수 있을 것이다.
어느덧 만구이 시내로 접어들었는데 연도의 집들은 모허漠河의 통나무집과 다를 바 없었다. 울타리와 대문까지도 동일한 문화권이라는 것을 느끼며 만구이 훠처

◐ 다싱안링(大興安嶺)의 영마루는 오랜 지질 시대를 통하여 침식 저하되어 거의 평지와 같은 분수령을 이루고 있다. 이 분수령을 넘나드는 사람들을 환송하는 인사말이 하늘 높이 공로를 가로지르고 있다.

⭘ 모허 촌과 다를 바 없는 만구이 진의 통나무 집들과 대문 안팎을 가리지 않고 가득 쌓아 놓은 장작더미들. 대문에는 춘절을 맞아 기복지를 붙여 놓았다.

잔火車站(정거장)에 도착하였다.

요사이 며칠 동안 함께 지낸 이 펑스 내외와 작별 인사를 나눈 뒤 치치하얼齊齊哈爾까지 가는 기차표를 구입하였다. 그리고는 여유 시간을 이용하여 만구이 시장을 비롯한 시내 관광에 나섰다.

특이한 만구이 역사의 화장실

여행 장비가 담겨진 배낭을 역무원에게 맡기고 거리로 나왔다. 타이가 지역의 거주지와 생활 풍속은 매우 비슷하였으나, 헤이룽장 성의 모허 진과 내몽고의 만구이 사이에 확연히 다른 점이 눈에 띄었다. 모허는 관공서나 길가의 표지판에서부터 작은 구멍가게의 간판에 이르기까지 한문 일색인 데 반해, 이 곳 만구이는 간판에는 물론이요 정거장 이름까지 한문과 몽골 어를 병기하고 있다.

거리의 한 모퉁이에 저축을 독려하는 안내문과 더불어 은행 간판이 붙어 있는데 그 초라함은 6.25 전쟁 후 복구 과정에서 판자로 아무렇게나 지은 타이어 수선집 같은 모습이었다. 환전하려고 찾은 은행 건물과 그 내부를 보고는 더욱 놀랐다. 너무나 허술하고 허름한 공간에서 몇 명의 행원들이 한가로이 놀음을 하고 있는 모습은 우리 나라 은행의 화려하고 분주함과는 너무나 대조적이었다.

▲ 만구이 진 인민정부가 직영하는 초대소(여관).

시장에 들러 보니 정기시인지 상설시인지 확연히 구분되진 않았지만 그 모습만은 상당히 활기가 차 있었다. 오지의 종착역 장마당이 선양沈陽의 변두리의 모습과 비슷했다. 양고기꼬치 몇 개와 과일을 대신한 삥탕후루氷糖葫蘆, 즉 원시적 야생 과일에 설탕을 끓여 얼음사탕으로 포장한 과일꼬치로 간식을 하고, 오후 4시 반에 발차되는 침대차에 오르려고 정거장으로 되돌아왔다.

현재 만구이는 치치하얼에서 연결된 철도의 종착역이다. 나중에 시린지까지 노선을 연장할 의도였기 때문에, 만구이역은 황하둑처럼 둑을 높이 쌓고 그 위에 선로를 부설하였다. 따라서 역구내와 연결된 역사는 2층에 해당하며 1층은 경사면에 기둥만 박은 형태이다. 다시 말해, 경사면 아래쪽에 기둥을 세워 하층 공간은 통풍이 자유롭게 만들고, 역구내와 수평으로 역사가 들어서 있다.

만구이 역사의 화장실에서도 아주 기이한 모습을 볼 수 있었다. 화장실의 형태는 역사와 마찬가지로 역구내 면에 수평으로 슬라브를 치고 그 위에 건설된 다락 화장실이다. 그런데 이 화장실 안에서 볼일을 볼라치면 그 아래의 넓은 공간에 마치 동굴 내의 석순처럼 위로 자라고 있는 큰 분빙糞氷 기둥을 볼 수 있다. 이 곳 사람들은 이것을 비료로 쓰기 위해 매일같이 곡괭이나 도끼로 찍어 받으로 실어 나른다고 한다. 엄동설한의 겨울철이 무려 8개월간이고, 있을까 말까 한 봄 · 가을, 그리고 짧은 여름철이라는 이 곳의 기후 사정으로 볼 때 과연 중국식의 기발한 착상이라는 생각을 하며 열차에 올랐다.

만구이(滿歸)에서 츠펑(赤峰)까지 이어진 다싱안링 종관

다싱안링大興安嶺은 북쪽 헤이룽 유역의 내몽고 자치구 북동부와 헤이룽장 성 북부에서 시작하여 북동에서 남서의 주향으로 달리는 중국의 대산맥이다. 시싱안링西興安嶺이란 이름으로도 불린다.

산맥의 전장은 1,200km이며 폭은 무려 200~300km에 이른다. 평균 해발 고도는 1,100m~1,400m이고 주봉인 황강량黃崗梁의 높이는 해발 2,029m이다. 오랜 지질 시대를 거친 습곡 산지로서 산정은 둥글며 평탄화되어 있다. 서쪽은 완만한 경사로 고원성 형태를 이루고 있는 데 비해 동쪽은 비교적 사면의 경사가 발달되어 있다. 지질은 주로 화강암, 안산암, 석영질 조면암으로 구성되어 있다.

산맥 전체가 시생대 · 원생대에 해당하는 시원육지여서 장구한 지질 시대를 거치면서 풍화도가 높아져 토심이 깊고 식생이 좋다. 낙엽송과 자작나무, 홍송나무의 밀림을 이루고 있다.

철도는 만구이滿歸에서 치치하얼齊齊哈爾까지 총연장 869km인데 205km 지점인 이투리허伊圖里河와 야커스牙克石에서 기차를 갈아타야 한다. 그런데 이투리허를 27km 앞에 둔 건허根河에서 문제가 발생하였다. 같이 담소하며 오던 옆자리의 친구가 한국의 여권은 어떻게 생겼는지 구경하고 싶다고 하기에 의심 없이 보여 준 것이 그만 화근이었다. 여권 연장을 기록한 뒷면은 보지도 않고 여권 기간이 만료된 앞면만 보고서는 실효된 여권을 가지고 여행하고 있다고 철도경찰에 밀고한 것이다.

이투리허에 도착하자마자 철도경찰 두 사람이 올라왔다. 여권을 제시하자 앞면만 보고 기한이 지났다며 내릴 것을 요구하였다. 기한을 연장하였으니 다음 장을 보라고 설명하였지만, 난생 처음 여권을 본 이들은 그것을 인정하려 하지 않았다. 다짜고짜 우리 짐을 끌어내리며 사무실로 가자고 했다. 기가 막힐 노릇이었지만 어쩔 수 없이 기차에서 내려 역사무실로 따라 갈 수밖에…….

화가 치밀 대로 치민 나는 "너희 나라에서 입국해도 좋다는 입국사증을 발급해 주었는데 너희들이 무슨 권리로 시비하는 것이냐!"며 따지고 들었다. 그러자 여권을 복사하여 분주히 뛰어다니더니 겨우 미안하다는 말 한마디뿐. 통신 사정이 나쁜 후진 지역으로 여행할 때에는 여권 기간 연장도 문제가 될 수 있다는 것을 알았다.

이투리허에서 야커스까지의 239km 구간에서는 철도 승무원들과 재미있는 시간을 보냈다. 이들과 헤어지기가 아쉬워 가지고 있던 물건들을 교환해서 추억으로 간직하기로 했다.

야커스에서 치치하얼까지는 425km였다. 이 구간에서는 하라쑤哈拉蘇, 청지쓰한成吉思汗(징기스칸) 등 연도의 역 간판들을 통해 내몽고를 여행하는 기분을 만끽할 수 있었다.

한때 구대륙의 대부분을 지배했던 청지쓰한(成吉思汗 : 징기스칸)을 기념하는 역사와 정거장 표지판.

치치하얼역 구청사는 각종 철도 사무실로 쓰여지고 있다.

아침 7시 30분에 치치하얼역에 도착하였다. 캄캄한 새벽이지만 즐겁게 지낸 승무원들과 기념 촬영을 하고 아쉬운 작별 인사를 나누었다. 잠시 후 운전사의 안내로 투숙한 호텔은 후빈 반점湖賓飯店으로 요금은 1박에 250위안(33달러)이었다. 우리는 이 곳에서 이틀간 체류하면서 티없이 밝은 우리 동포들의 삶의 현장을 관찰할 수 있었다.

치치하얼(齊齊哈爾)의 우리 동포들

치치하얼은 헤이룽장 성 서부의 넌장 강嫩江 중류에 자리잡은 중공업 도시들 가운데의 하나이다. 치치하얼이란 다워얼 어로 '목장'이란 뜻을 지니고 있다. 시의 서북쪽과 서부는 내몽고의 후룬베이얼멍呼倫貝爾盟, 싱안멍興安盟과 경계한다. 북부와 동부는 헤이허黑河 지구와 접하며 남쪽은 쑤이화綏化 지구의 다칭大慶 시와 지린 성의 바이청白城 시와 경계하고 있다.

지리적 위치는 북위 47° 00′~47° 52′, 동경 123° 30′~124° 28′ 이고, 관할 구역은 7개 구와 11개 현으로 총면적이 52,633km²인데 그 중 시역은 102km²이다. 총 인구 150만 명 중 시역의 인구가 100만 명을 넘으며 한족漢族, 다워얼족達斡爾族, 몽고족蒙古族, 어원커족鄂溫克族, 조선족朝鮮族, 후이족回族을 비롯해 14개 민족이 섞여 살아가고 있다. 1947년에 시가 설치되었고, 1949년 하얼빈으로 성회省會가 옮겨가기 전까지 헤이룽장 성의 성회였다.

치치하얼은 겨울이 길고 여름은 짧으며 봄에는 모래바람이 불고 여름에 주로 비가 오는 기후이다. 연평균 기온은 3.2℃이고 1월 평균 기온은 −19.4℃, 7월 평균 기온은 22.7℃, 연 강수량은 428mm이다.

공업으로는 기계, 야금, 철강, 차량, 제지, 방직, 사탕무 제당, 목재 가공 등이 주로 발달하였으며 농산물의 집산지는 물론이요 젖소의 사육 또한 성행하고 있다.

중요한 명승지로 후빈 반점湖濱飯店, 동쪽으로 룽사 공원龍沙公園이 있고 시 남동쪽 30km에 단정학丹頂鶴의 도래지 다룽쯔란바오후취打龍自然保護區가 있다.

언제나 그 지방의 경제적 상황과 주민의 생활 정도를 알아보기 위해 시장을 찾

치치하얼의 역전시장 입구에서 공동으로 김치 장사를 하는 우리 동포들. 매서운 추위를 극복하기 위해 마스크, 털실 모자, 목도리, 토시 등으로 중무장을 하고 있다.

는 습관에 따라 오늘도 인파가 붐비는 치치하얼의 잔첸스창站前市場, 즉 역전시장을 찾았다. 시장 입구에 들어서는데 여기서도 특징적으로 셴차이咸菜(김치)를 합동 판매하는 우리 동포 아주머니와 처녀들을 만났다. 이들은 모두 치치하얼 시 춘광촌春光村이란 조선족 단일 촌락에 살고 있었다.

태극 마크를 달고 영업하는 '서울술집'. 머나먼 이국 타향 나그네의 쓸쓸한 심사를 조금이나마 달래 줄 수 있으려나…….

세계적으로 유명한 우리의 김치가 분주히 팔려 돈을 챙기기에도 바쁘다고 하였다. 최근 들어서는 한족漢族, 이를 테면 중국 사람들이 김치맛을 알아 고객의 대부분을 차지한다고 한다.

이들은 자기들의 할머니, 할아버지가 태어난 고국에는 가 보지 못했어도 고국에 대한 그리움과 동경심은 대단하였다. 이 추운 곳에서 얼굴은 얼어서 홍당무 같고 손등마저 얼어서 퉁퉁 부어 있어도 민족적 자부심 또한 대단하였다. 뽈같이 두툼한 솜바지저고리에 허리에 전대를 두른 씩씩한 이들의 모습이 든든해 보였다.

중국에 사는 우리 동포들은 당파 싸움만 일삼던 조상님들 덕분에 당한 망국의 설움을 안고 연해주로, 북간도로, 이렇게 먼 내몽고의 접경까지 밀려 온 대한 제국 유랑민들의 후예이다. 태평양 전쟁이 끝난 후에도 조국은 강대 세력에 의해 분단되고 동족상잔의 전쟁까지 치렀으니……. 주의와 사상이 서로 다른 두 동강 난 조국, 과연 이들의 설 땅은 어디이며 동경의 땅은 어디인가?

이들은 말한다, 세계에서 제일 잘산다고 소문이 자자한 한국에 한번 가 보고 싶다고. 통일이여 어서 오라! 이들이 자유롭게 드나들 수 있는 통일의 그날을 우리들은 원하고 바란다.

이들의 소개로 동포가 경영하는 우리식 주물럭 불고기집을 찾았다. 오랜 만에 구미에 맞는 전통 불고기와 북어무침 그리고 김치를 먹으니 눈이 밝아지는 것 같아 활력이 용솟음쳤다.

식사 후 도시 풍경과 역전 일대를 사진에 담고 우정국을 찾아가 그리운 가족들에게 국제 전화로 소식을 전했다. 내일이면 치치하얼을 출발하여 산둥 성의 성회 지난濟南으로 떠난다고 말이다.

푸커우(浦口)로 가는 특급 열차

유숙하고 있던 후빈 반점의 중국국제관광공사에 들러 여러 가지 사정을 알아보니 난징南京 건너편 양쯔 강 좌안의 푸커우浦口로 가는 직행 열차가 있다고 했다. 101위안(13.5달러)을 지불하고 지난濟南까지의 승차권을 구입했는데 승차권엔 '1월 19일 144차 나무침대 가1차 9호중 19시 03분발' 로 표기되어 있었다.

치치하얼에서부터 바이청白城, 타이핑촨太平川, 퉁랴오通遼, 장우彰武, 다후산大虎山, 진저우錦州, 쑤이중綏中, 산하이관山海關, 친황다오秦皇島, 탕산唐山까지의 1,186km와 계속하여 톈진天津, 창저우滄州, 더저우德州, 지난濟南에 이르는 478km를 달리게 된다. 도합 1,664km에 29시간 20분이 소요되니 평균 시속 57km로 단선치고는 빠른 편이다. 열차는 계속하여 종착역인 푸커우浦口까지 540km를 더 달려 전체 길이 2,204km를 달리는데, 우리에겐 상상하기 힘든 거리이지만 중국의 국토 면적과 비교할 때에는 그리 먼 거리가 아니다.

Part 2

산수의 고향 구이린

中國

01 구이린과 명대의 지리학자 쉬 샤커

열대 카르스트 연구의 메카 구이린(桂林)

나는 어린 시절부터 우리가 살고 있는 공간空間에 대한 이해를 도울 수 있는 학문인 지리학과 지리적 지식에 관심이 많았다. 중학교에 진학해서는 지구과학(지리학통론) 시간에 그 동안 품었던 수많은 의문점들을 질문하느라 선생님을 당혹스럽게 만들기도 했지만, 선생님께서는 늘 칭찬해 주시며 특별한 관심과 사랑으로 보살펴 주셨다. 그 결과 나는 대학 진학시 지리학과를 선택하게 되었다. 대학 시절 나는 바보스러울 정도로 학교와 도서관에서 시간을 보냈고, 짬나는 대로 현지 답사를 즐겼다. 답사 현장에서는 지형 발달 과정과 구조적인 지형

◐ 중국의 장거리 버스는 며칠을 쉬지 않고 운행하기도 한다. 운전원 두 사람이 승차하여 6시간씩 교대로 운전하기 때문에 한 사람은 조수석에 마련된 줄침대에서 잠을 청한다.

형성 영력營力에 대한 문제들을 이해하며 화석 채집에도 발군의 실력을 발휘하였다. 특히 그 당시 평남지향사에 발달한 대석회암통大石灰岩統과 현저한 카르스트 지형은 나의 흥미와 관심을 거의 외골수로 몰고 가, 오늘날까지도 카르스트 지형에 대한 연구를 지속하게 만들었다.

이러한 맥락에서 볼 때, 세계적으로 유명한 중국의 카르스트 지역 구이린桂林은 나의 연구에 있어서 간과될 수 없는 지역이었다. 구이린은 중국은 물론이요 세계에서도 손꼽히는 관광 명소일 뿐만 아니라 열대 카르스트 연구의 메카로도 유명하다. 나는 이런 구이린을 늘 동경해 왔었다.

1988년 7월 대망의 중국 탐구 여행이 실현되었을 때에도 그 일차 목적은 '천하 제일의 산수(天下之甲山水)' 로 알려진 구이린 지역 탐구에 있었다.

나는 홍콩에서 입국 비자를 받고 선전深圳으로 입경하였다. 그리고 광저우廣州에서 이틀을 쉰 뒤 무모하게도 주장 강珠江 연안의 우저우梧州를 거치는 장거리

광저우(廣州)에서 우저우(梧州)로 가는 도중 버스에 고장이 생겨, 승객들이 버스를 밀어 한적한 곳에 세운 다음 수리하기 시작했다. 마침 길 고르는 경운기가 옆을 지나가기에 우리 나라의 1960년대를 생각하며 촬영하였다.

광시 성 구이린(桂林) 일대의 아열대 기후를 입증하는 농업 경관을 보여 준다. 추수를 기다리는 고개숙인 벼이삭과 모내기를 기다리는 못자리가 이색적이다(오른쪽). 이 같은 연중 고온 다습한 기후는 석회암의 용식을 매우 급속하게 진행시켜 독특하고 기이한 타워 카르스트 지형을 형성시킨다.

버스를 타고 구이린에 이르렀다.

딱딱한 나무의자와 울퉁불퉁한 자갈길, 운전사 두 사람이 6시간 교대로 불철주야 달리는 장거리 버스. 졸다가 앞 의자에 이마를 부딛쳐 혹이 생기고 엉덩이 피부가 벗겨지는 고통스러운 여행이었다. 하지만 대망의 구이린 지역을 여행한다는 기쁨은 이러한 고통을 능히 잠재우고도 남았다.

구이린 시는 광시좡족자치구廣西壯族自治區의 북동부에 자리잡은 2000여 년의 오랜 역사를 간직한 문화 도시로 면적 565km²에 총인구는 47만 8천 명이다. 진시황 33년에 스루史祿가 시황제의 명을 받들어 구이린 군桂林郡을 설치하였고, 한나라 위안딩元鼎 6년(111)에는 스안 현始安縣의 이름으로 중국 지도에 기재되었다. 그리고 송대에서 청대에 이르는 800년간 광시 성廣西省의 정치 · 경제 · 문화의 중심지였다.

중국의 카르스트 연구가 주 쉐원(朱學穩)

나와 구이린 암용지질연구소岩溶地質研究所의 주 쉐원朱學穩 교수와의 사이에는 이미 오래 전부터 서신 왕래가 이루어지고 있었다. 1979년 이 연구소를 방문한 일본 동굴학계의 학자들 가운데 나와 절친한 에히메 대학의 가시마 나루히꼬鹿島愛彦 교수가 있었는데, 그의 소개로 나는 중국의 카르스트 연구가 주 쉐원 교수와 편지 왕래를 하게 되었다. 그 뒤 나의 중국 방문이 실현되기까지 많은 난제들이 있었지만, 마침내 1988년 첫 번째 중국 방문에서 주 쉐원 교수와의 만남이 이루어졌다.

1988년 7월 27일 구이린 시 치싱 로七星路에 자리잡은 구이린 암용지질연구소에 도착한 것은 오전 11시였다. 사전 연락도 없이 만난 초면의 주 교수가 의아한 표정으로 누군지 묻기에 "한국에서 온 서무송이오."라고 답하였다. 그러자 "닌스 전스 쉬마우쑹마你是眞是徐茂松嗎?"(네가 진짜 서무송이냐?)라며 그는 내 등을

중국의 카르스트 연구가 주 쉐원(朱學穩) 교수와의 첫 만남. 그 동안의 서신 왕래로 오랜 만에 만난 친구처럼 서로 반가워했다.

구이린(桂林)에 있는 암용지질연구소(岩溶地質研究所)는 350여 명의 과학자가 모여 카르스트화 과정을 연구하는 세계적 규모의 카르스트 연구소이다.

구이린 암용지질연구소의 지질관은 일종의 카르스트 박물관이다. 두 번째 방문시 쉬 샤커(徐霞客)의 문헌과 초상화 등에 대한 특별 안내를 받으며 그의 업적을 이해하게 되었다.

얼싸안고 기뻐했다. 이것이 주 쉐원과의 첫 만남이었다.

그는 여러 가지로 우리의 여행을 도와 주었다. 특히 윈구이 고원雲貴高原을 여행할 때에는 윈난 지리연구소雲南地理硏究所의 쑹린화宋林華 선생 등에게 소개 편지를 써 주어 큰 도움을 주었다.

명대의 저명한 지리학자 쉬 샤커(徐霞客)

1992년에 나는 다시 이 지역을 여행하였다. 두 번째 여행에서는 구이린 산수의 타워 카르스트에 대한 깊이 있는 관찰과 연구는 물론이고, 명대의 저명한 지리학자요 과학자였던 쉬 샤커의 업적을 이해하는 계기도 마련하였다.

구이린 암용 지질 연구소 내에 세워져 있는 명대의 걸출한 지리학자 쉬 샤커(徐霞客 : 1587–1641)의 대리석상.

쉬 샤커徐霞客의 이름은 홍조弘祖요, 자는 진지振之이다. 그는 명대 말의 부패한 정치에 환멸을 느끼고 22세에 방랑길에 올라 세상을 떠나기 직전까지 약 30년 동안 전국 각지를 여행한 명대의 저명한 지리학자이다.

쉬 샤커는 중국의 19개 성에 걸친 거의 대부분의 땅에 그의 족적을 남겼다. 그리고 그가 밟은 중국 내의 주요 명산과 5악, 즉 타이산 산泰山, 화산 산華山, 헝산 산衡山, 쑹산 산嵩山, 헝산 산恒山 등에 대해 17편의 명산 유기를 저술하였다. 그가 남긴 대표적 저술로는 황산 유기黃山遊紀, 루산 유기盧山遊記, 리셴 일기歷險日記, 옌룽디마오 고찰岩溶地貌考察, 볜디카오차 일기邊地考察日記, 판장고盤江考, 장위안고江源考 등이 유명하다.

특히 치싱옌 일기七星岩日記와 옌둥기顔洞紀 및 옌룽디마오 고찰岩溶地貌考察 등에

◘ 위대한 중국의 지리학자 쉬 샤커의 생전 활동 모습. 명 말의 부패한 정치에 환멸은 느낀 쉬 샤커는 30년 동안 현장 답사와 저술 활동을 하다가 생을 마감하였다.

서는 카르스트 지형과 그 현상에 대해 과학적으로 고찰하였는데, 이는 오늘날에 있어서도 동서양을 막론하고 높이 평가되고 있다.

한편 쉬 샤커가 구이린 카르스트 지역을 답사하던 중 두슈펑獨秀峰 탐사 방해 사건에 대한 재미있는 일화가 있어 여기에 소개하고자 한다.

명 숭정 10년인 1637년 5월 4일, 만고의 기인이라고 불리는 쉬 샤커가 다급한 숨을 몰아쉬며 징장 왕부靖江王府의 뒷문을 통해 부처님의 자비에 감싸인 징판 정사靖藩精舍로 들어가고 있었다. 웃는 얼굴로 쉬 샤커를 맞이한 화상에게 쉬 샤커는 두슈펑獨秀峰에 한 번 올라가고 싶다고 찾아온 뜻을 전하였다. 그러나 화상은 두슈펑에 올라가려면 미리 예약을 하지 않으면 안 된다고 하며 5월 12일에 다시 오라고 날짜를 지정하여 주었다. 이와 같이 하여 쉬 샤커는 4차례에 걸쳐 두슈펑을 방문하였으나 그 때마다 화상은 이 핑계 저 핑계를 대며 허락을 하지 않았다. 결국 쉬 샤커는 소원을 이루지 못하였다.

화상이 쉬 샤커를 두슈펑에 오르지 못하게 한 뚜렷한 이유는 오늘날까지도 밝혀진 바 없지만, 당시 징판 정사의 화상이 쉬 샤커에게 두슈펑 등정을 허락하였다면 아마 구이린 일대에 산재하는 열대 카르스트의 생성 이론이 진일보하지 않았을까 하는 아쉬움이 남는다.

02 '구이린 산수'는 열대 카르스트

구이린 카르스트의 세부적 고찰

카르스트 지형이란 약한 산성을 띤 빗물(이산화탄소를 함유한 물)이 석회암 지대에서 암석을 화학적으로 녹여 만들어 놓은 기이하고도 절묘한 땅 모양을 일컫는 지리학 용어이다. 쉽게 말해, 일반적으로 석회암 지대에 나타나는 오목(凹) 지형, 볼록(凸) 지형, 동굴 지형 등을 가리켜 카르스트 지형이라고 부른다. 여기서 '카르스트'는 석회암 지형이 발달한 슬로베니아의 크라스kras 지방을 독일어로 카르스트Karst로 소개한 데서 유래한 것이다.

우리 나라의 경우 보통 중·고등학교 교과서에 카르스트 지형에 관한 내용이 등장한다. 그러나 카르스트 지형이 어떻게 형성되는지 제대로 이해하지 못하고 지나가는 경우가 많다.

우리는 흔히 청량 음료 사이다를 '탄산수'라고 하는데 이것은 이산화탄소를 함유하고 있는 음료수라는 뜻이다. 이와 같은 사이다나 코카콜라를 대리석 석재에 부으면 부글부글 끓어오르는 모습을 볼 수 있다. 이러한 반응을 화학적으로 '용

식溶蝕' 이라고 하는데 이를 화학식으로 정리하면 다음과 같다.

$$CaCO_3+H_2O+CO_2 \rightleftarrows Ca(HCO_3)_2$$

여기서 $CaCO_3$는 석회암, H_2O는 순수한 물, CO_2는 탄산가스이다. 이들이 반응하여 탄생한 $Ca(HCO_3)_2$는 탄산가스를 함유한 물이 석회암에 반응하여 석회암을 용해시킨 이온 상태의 물, 즉 중탄산칼슘용액이다. 한편 위의 화학식은 중탄산칼슘용액이 언제라도 석회암으로 되돌아갈 수 있음도 보여 주고 있다.

카르스트 지형을 만들 수 있는 석회암은 전 세계 육지 표면적의 15% 정도를 차지하고 있어, 세계 여러 지역에서 비교적 쉽게 카르스트 지형을 접하고 관찰할 수 있다. 우리 나라의 경우 주로 영월–평창–제천 간, 삼척 지방, 문경군 호계면 등을 여행하면 볼 수 있다. 구이린의 산수山水 또한 이와 같은 용식 작용의 결과

▲ 데차이(疊綵) 산정에서 바라본 구이린 시 중심부. 리장 강(漓江)을 사이에 두고 시가지가 동서로 발달하였다.

◘ 전형적인 용식 와지 돌리네군. 용식 지형의 기본 형태이다. 테라로사(terra rossa)라는 붉은 진흙에 뒤덮인 지역을 특히 '피복 카르스트'(bedeckte karst)라고 한다.

로 생겨난 특수한 땅 모양(지형)이다.

특히 석회암은 인류 문화와 밀접한 관계가 있는 암석이다. 고대 인류들은 석회암, 즉 횟돌(灰岩)을 소성燒成하여(구워서) 횟가루를 만들었으며 분묘나 축성, 기타 건축 등에 석회석을 사용하여 왔다. 현대 도시의 고층 건물, 대규모의 교량과 지하도 및 해저 터널과 같은 구조물들은 철근과 시멘트의 결합물이므로 현대 문명을 가히 석회석 문화라고 하여도 지나치지 않을 성 싶다.

구이린 일대에는 이와 같은 석회암으로 만들어진 기이하고도 절묘한 지형들이 병풍처럼 펼쳐져 있다.

우선 사람들은 구이린에 첫 발을 들여놓는 순간 입을 다물 수 없게 만드는 기이한 산세와 만나게 된다. 평탄한 지평면 위에 마치 땅 속에서 죽순이 솟아오른 듯, 신선이 바위를 조각하여 기념비를 세운 듯 불룩 치솟은 산봉우리. 중국인들은 이를 '구펑孤峰'(고립된 봉우리)이라 이름하였다. 그리고 이러한 구펑들이 옥황 상제의 부름을 받아 회의를 위해 운집해 있는 듯한 상태를 '췬펑群峰'(무리지은 봉우리)이라 한다. 그야말로 설명이 필요 없는 표현들이며 이들이 바로 석회암 지형의 볼록 지형에 해당한다.

이러한 볼록 지형들 사이에는 오목 지형이 발달하기 마련이다. 돌리네, 우발레, 폴리에 등의 대표적 오목 지형들이 잘 발달해 있다.

여기에 더하여 지리학의 연구 대상인 '공간'의 일부분으로 취급받아 온 지하의

오목 지형을 대표하는 돌리네와 볼록 지형의 상징인 카런(karren)이 발달하고 있다. 이같이 석회암괴들이 노출된 카르스트 지역을 '나출 카르스트(nackte karst)'라고 한다.

동굴 지형의 상징이랄 수 있는 2차 생성물 종유석과 석순. 아래위가 맞붙으면 석주가 되고 석주들이 시간이 지나면 석주열로 변화되게 된다.

동굴이 있으니 그 아름다움을 이 유한한 입으로 어찌 다 말할 수 있으랴. 우리 나라에서도 평안북도 구장의 동룡굴에 대하여 '지하금강'이라 일컬어 온 것처럼, 구이린에서도 루디옌蘆笛岩 동굴과 치싱옌七星岩 동굴의 아름다움과 그 큰 규모에 놀라지 않을 수 없었다.

이렇듯 구이린의 산수는 석회암 용식 작용으로 형성된 독특하고 기이한 카르스트 지형으로 인해 일찍이 '천하 제일의 산수(天下之甲山水)'로 널리 알려졌으며, 예부터 산수화가들이 앞다투어 소재로 삼아 '산수의 고향'이라 불려지게 되었다.

열대 카르스트 평린 평원(峰林平原)

카르스트 지형이 모식적으로 발달한 구이린 일대의 지질을 살펴보면, 고생대의 데본계 중·상부에 해당하는 탄산염암인 석회암과 백운암질 석회암이 넓은 범위에 걸쳐 분포되어 있다. 이 밖에도 드물게는 데본계 하부에 해당하는 석회암 및 고생대 최하부인 캄브리아계의 석회암과 백운암이 함께 분포되어 있어, 이들 지역 내에 열대 카르스트(tropical karst) 현상이 모식적으로 나타난다.

타워 카르스트는 보통 기온과 습도가 높으며 식생이 좋은 열대 기후 지역을 선호하기 때문에 아열대를 벗어난 온·냉대 기후 지역에서는 거의 나타나지 않는 일반성을 지니고 있다. 구이린 카르스트 지역도 이 같은 조건들을 잘 충족시켜

고립된 구펑(孤峰)들이 평원상에 산재된 모습을 펑린 평원(峰林平原)이라 부른다. (주 쉬원 저 '구이린 카르스트(桂林岩溶)' 중에서)

주고 있는 바, 구이린 카르스트 지형이 열대 카르스트로서 세계적으로 널리 알려지게 된 것이다.

타워 카르스트 '구펑孤峰'은 독립된 암주가 마치 비석처럼 하늘 높이 솟은 상태인데 두슈펑獨秀峰이 그 대표적 사례이다. 넓은 들판 위에 상당한 거리와 간격을 두고 독립된 구펑들이 나타나는 경관, 즉 일단의 지형들을 '펑린 평원峰林平原'이라고 칭한다. 구펑이 집중적으로 분포되어 있는 지역을 가리켜 '펑총峰叢'이라고 하는데 이 펑총이 진화되어 펑린이 되고, 더욱 지형 진화가 이루어지면 펑린 평원으로 발전한다는 중국암용연구소의 연구 결과가 있다.

◎ 펑총(峰叢)과 펑린(峰林) 및 펑린 평원(峰林平原)이 어우러진 멋진 타워 카르스트.

한편 펑린 평원의 유형에는 탑상, 원추상, 만두상 등 세 가지가 있는데 이것은 암석의 성질과 지질 구조 및 기후 조건과 고기후학적 수문 조건 등에 지배된다고 한다.

중국의 열대 카르스트 분포 지역으로는 광시 성廣西省의 류저우柳州 · 두안都安 · 양티楊堤, 윈난 성雲南省의 광난廣南 · 추베이丘北, 구이저우 성貴州省의 핑탕平塘 · 푸딩普定 · 우당烏當 · 안룽安龍 등이 있다. 이들 모식지의 지질 시대는 고생대 중기에 해당하는 데본계에서부터 후기인 석탄계와 페름계 및 중생대 초기인 삼첩계까지 걸쳐 있다.

03 구이린의 대표적 관광지

데차이 산(疊綵山) 등정기

데차이 산은 구이린 시가지의 북쪽 리장 강漓江 우안에 자리잡고 있다. 산 이름이 시사하는 바와 같이 퇴적암으로 된 수평층이 잘 보존되어 있어 마치 여러 가지 색깔의 비단필을 겹겹이 쌓아 둔 것 같은 모양새이다.

데차이 산은 위웨 산于越山, 쓰왕 산四望山, 셴허펑仙鶴峰, 밍웨펑明月峰 등의 연봉으로 이루어져 있고, 산기슭에는 무룽둥木龍洞, 비샤둥碧霞洞 및 임강 상옌上岩과 샤옌下岩 등의 명승지가 있다.

이처럼 데차이 산은 수목이 무성하며 꼬불꼬불한 길과 봉우리들이 연속되어 있을 뿐만 아니라, 고적과 사적이 여기저기 산재해 있어 천여 년 전 당나라 때부터 이미 저명한 관광 명소로 세상에 알려져 있었다.

예를 들어 데차이팅疊綵亭에서 계단을 오르면 데차이먼疊綵門에 이르는데, 이 문으로 들어가면 청나라에 저항한 명 말의 영웅 취 스쓰瞿式斯와 장 퉁비張同敝를 기념하는 성인비成仁碑와 사당인 양즈당仰止堂이 있다. 사당 내에는 그들의 유상

◐ 데치이 산(疊綵山)의 안정된 돌계단과 돌난간. 산정에 오르면 구이린 산수의 아름다움을 더해 주는 배후 산지 펑총(峰叢)을 바라볼 수 있다.

◐ 데차이 산 입구의 암벽에 음각된 간판.

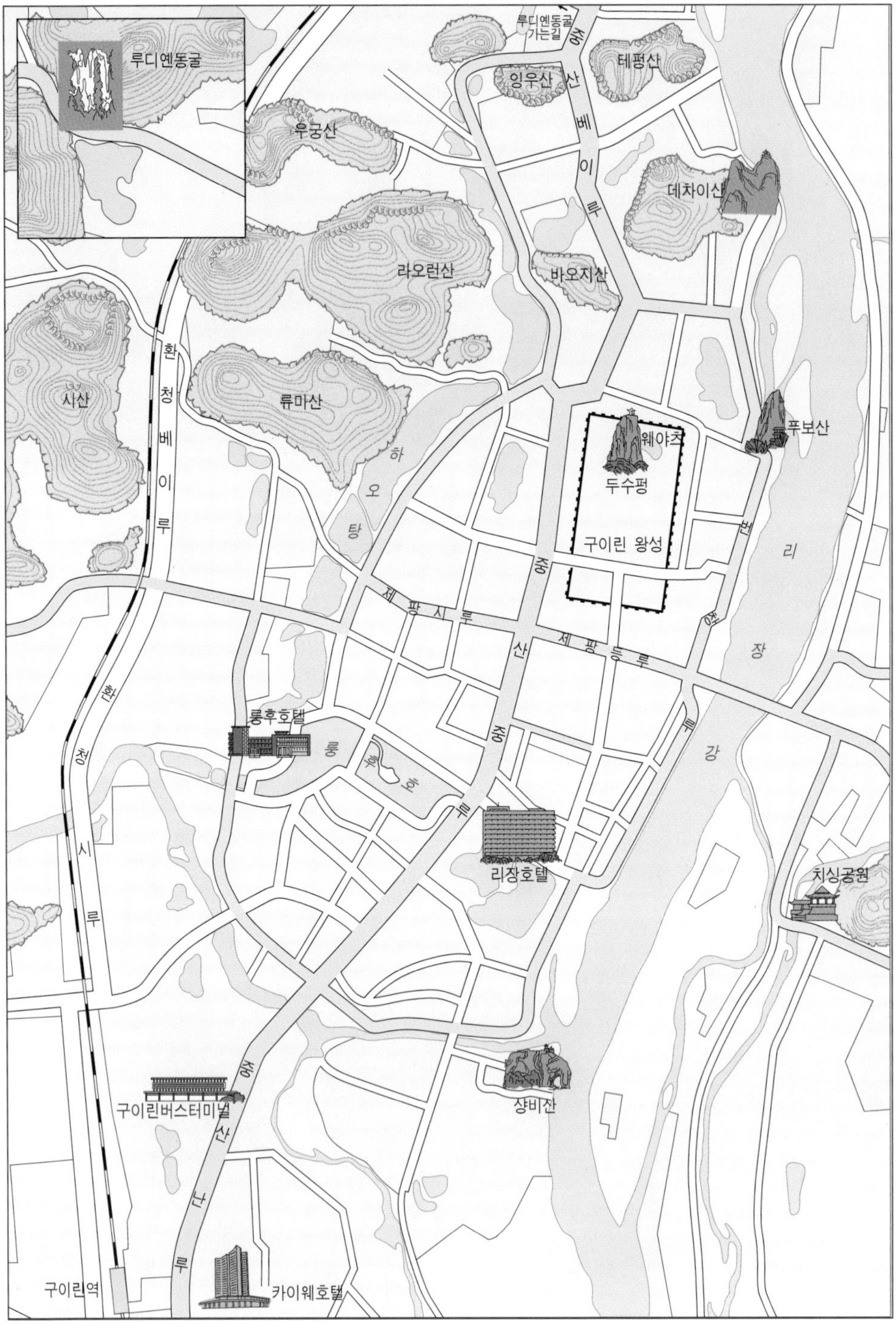
루디옌동굴
루디옌동굴 가는길
중산베이루
잉우산
테펑산
우궁산
데차이산
라오런산
바오지산
시산
류마산
환청베이루
하오탕
웨야츠
두수평
구이린 왕성
푸보산
리장
제팡시루
제팡둥루
중산중루
빈장루
룽후호텔
룽후호
리장호텔
환청시루
치싱공원
샹비산
구이린버스터미널
중산난루
구이린역
카이웨호텔

구이린 시의 관광 자원

이 조각되어 있으며 그 양쪽에는 옥중에서 응수하던 시구들이 각인되어 있다. 또한 데차이 산정의 나윈팅挐雲亭에 오르면 구이린 시내가 눈 아래에 그림처럼 전개된다.

두슈펑(獨秀峰)과 웨야츠(月牙池)

두슈펑獨秀峰은 시가지 중심에 자리잡은 옛 왕성 내에 솟아 있는 전형적인 구펑孤峰으로 그 위용이 근엄하고도 당당하다. 마치 보랏빛 긴 장삼에 금띠를 두른 군주가 외롭게 서 있는 모습과 비슷하다고 하여 쯔진 산紫金山이란 별명도 가지고 있다.

서쪽 기슭에서부터 꼬불꼬불한 돌계단을 오르면 윈성먼允昇門에 이르고, 샤오셰팅小謝亭과 뤄덩촨윈螺磴穿雲을 지나 다시 306개의 돌계단을 오르면 난톈먼南天門에 이른다. 여기에서 구이린의 산수를 조망하게 되면 산자수명한 경색이 손에 잡힐 듯하다.

두슈펑 아래에는 당대에 쉐궁學宮, 송대에 톄뉴쓰鐵牛寺, 원대에 다위안쓰大圓寺로 개칭된 고찰이 있다. 1921년 쑨 원孫文이 북벌을 위해 군대를 주둔시켰던 웨야츠 호반에는 그의 업적을 기념하는 중산불사탑中山不死塔이 세워져 있다.

웨야츠月牙池는 두슈펑의 북쪽에 자리잡은 호수인데 서우취안守泉이라고 불리는 맑은 샘물이 용출되어 명대의 징장 왕靖江王이 사용했다는 기록이 있다. 또한 웨야츠는 꽃피는 계절이 되면 징장 왕이 즐겨 산책하였다고 전해지는 징장 왕부의 어원御苑이었다. 당시 연못의 남쪽에는 복숭아밭이 있었고, 동쪽에는 대나무숲, 북쪽에는 버드나무숲이 있었으며, 연못의 주위에는 정각亭閣과 건축물들이 즐비하였다고 한다.

이 웨야츠는 성무츠聖母池, 바이룽츠白龍池, 춘타오츠春濤池와 더불어 명대의 구이린의 4대 명지名池이며, 웨야츠月牙池라는 이름은 연못의 모양새가 대체로 반달과 비슷하다고 하여 붙여졌다고 한다.

구이린 타워 카르스트의 상징인 두슈펑(獨秀峰)이 그 우아한 자태를 웨야츠(月牙池)에 드리우고 있다.

리장 강(漓江)과 양숴(陽朔)

⬆ 한 폭의 산수화를 연상케 하는 리장 강의 황혼 풍경. 강 위에 떠 있는 배에서는 가마우지를 이용해 전통적인 방법으로 물고기를 잡는다.

리장 강은 싱안 현興安縣의 먀오얼 산苗兒山에서 발원하여 전장 437km를 흐르는 하천으로 구펑과 췬펑 사이를 굽이굽이 사행하며 지난다. 이 가운데 특히 구이린에서 양숴에 이르는 83km 구간은 경색이 아름답기로 유명하며 열대 카르스트 경관 또한 천하 일품이랄 수 있다.

구이린에서 양숴를 돌아오는 관광 유람선을 타고 유유히 흐르는 푸른 강물 양안에 전개되는 구펑과 췬펑의 반영을 바라보다 보면, 사람들은 마치 신선 세계에 이른 것 같은 착각에 빠지게 된다. 벽수의 유유한 흐름, 구펑과 췬펑의 아름다운 기복과 깎아 세운 듯한 강안 절벽, 실로 산청山青, 수수水秀, 동기洞奇, 석미石美의 절경뿐만 아니라 심담深潭, 음탄陰灘, 유천流泉, 비폭飛瀑의 가경들이 얼기설기 사람의 혼을 빼어 무아지경에 이르게 한다.

구이린에서 남동방으로 65km 떨어진 양숴陽朔는 행정 구역상 구이린 시에 속한

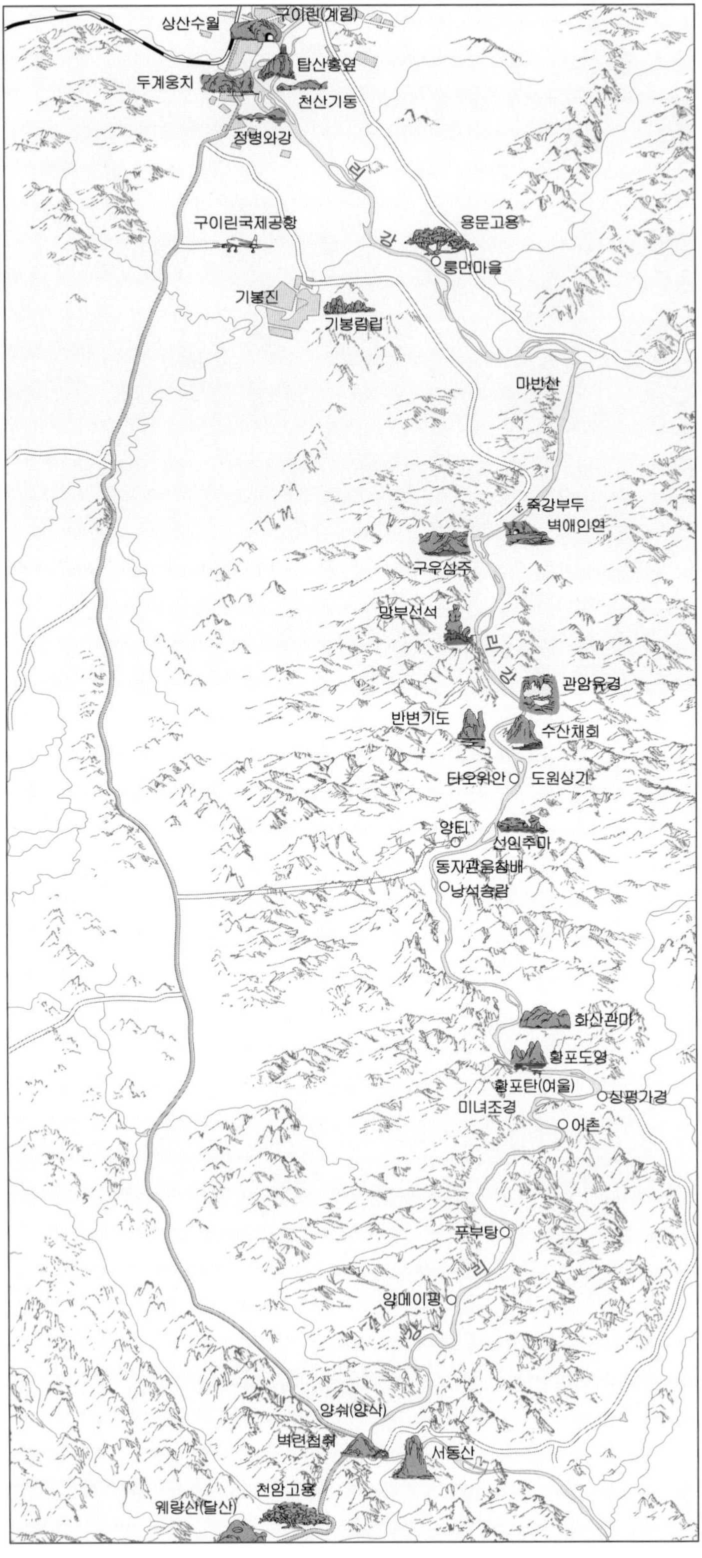

구이린에서 양쉬에 이르는 리장 강 83km의 물길 양안에 전개되는 관광 자원.

하나의 현이지만 그 경관이 구이린에 앞선다고 전해지는 곳이다. 옛 사람들은 이 곳에 대해 인간의 선경, 지상의 낙원, 산하의 진주 등의 찬사를 아끼지 않았다. 많은 사람들이 지구상에 이처럼 아름다운 곳이 남아 있으리라고는 생각지도 못했다며 놀라곤 한다.

⬆ 평린 평원 속의 도상 평총으로 설명되고 있는 리장 강 연안의 평총 경관. (주 쉬원 저 '구이린 카르스트(桂林岩溶)' 중에서)

루디옌(蘆笛岩)과 치싱옌(七星岩) 동굴

구이린桂林에서 양숴陽朔에 이르는 리장 강 주변에는 고생대 데본기의 바다에서 퇴적된 석회암과 백운암이 넓은 범위에 걸쳐 분포되어 있다. 이들 암석은 기계적인 풍화 작용보다는 화학적인 용식 작용을 받아 매우 기이한 용식 지형을 만들어 내고 있다. 특히 지하에는 석회암의 용탈 작용溶脫作用으로 형성된 아름다운 동굴들이 발달하고 있는데 이름하여 석회암 동굴 또는 종유동鐘乳洞이라고 한다.

◐ 동굴 탐험의 기본 옷차림은 상·하의가 맞붙은 옷이라야 한다. 특히 머리 보호는 필수적이기 때문에 헬멧과 헤드랜턴이 부착되어야 하고, 그 외에도 비상 랜턴, 비상 식량, 자일 등이 갖추어져 있어야 한다.

구이린에는 이 같은 용식 작용으로 생긴 용동溶洞이 족히 400개소가 넘는다고 암용지질연구소 측은 말하고 있다. 이를 되새겨 보면, 거의 모든 산마다 동굴이 발달되어 있다고 할 수 있다.

이들 동굴 중 대표적인 것으로는 촨산웨둥穿山月洞, 샹산수이웨둥象山水月洞, 안지둥安吉洞, 관둥冠洞, 인산류둥隱山六洞, 롄퉁둥連通洞, 위안펑둥元風洞 등을 들 수 있다. 그 중에서도 가장 이름난 곳이 루디옌蘆笛岩 동굴과 치싱옌七星岩 동굴인데 이를 잠깐 소개하면 다음과 같다.

㉠ **루디옌(蘆笛岩) 동굴** 구이린 시 중심부에서 북서쪽으로 3km 떨어진 광밍 산光明山 남쪽 사면에 발달해 있다. 동굴 부근의 산허리에 밀생하고 있는 갈대로 피리를 만들었더니 뜻밖에 아름다운 음색이 나왔다고 하는 데서 루디옌이라는 이름이 붙여졌다고 전해진다.

통상 석회암 동굴은 몇 단의 층상 구조로 이루어지는데 상층부일수록 먼저 생성된 것이다. 하층부로 내려갈수록 생성 연대가 새로울 뿐만 아니라 2차 생성물도

천개석(天蓋石)이란 이름을 가진 canopy 아래에 주렁주렁 고드름처럼 달린 모양새의 2차 생성물을 통상 종유석(鍾乳石)이라 부른다. 또한 $Ca(HCO_3)_2$, 즉 중탄산칼슘용액 상태의 물방울이 떨어지는 지점의 동굴 바닥으로부터 마치 죽순처럼 위로 자라는 것을 석순(石筍)이라고 한다.

석주(石柱)란 동굴 내에 점적수(点滴水)가 떨어지는 곳의 천정에서 하향적으로 성장하는 종유석과 상향적으로 성장하는 석순이 서로 연결되어 기둥과 같은 모양을 이룬 것을 말한다.

빈약한 편이다. 그러나 이것은 어디까지나 비교 평가이고 절대 평가는 아니다. 왜냐하면 산체의 크기, 해발 고도, 부근을 흐르고 있는 하천과 호소의 수면 외에도 지형과 지질에 따른 지하 수면 등이 관련되어 있기 때문이다.

루디옌 동굴은 2차 생성물인 유석과 석주 및 점적석点適石으로서의 석순과 종유석 등이 경관의 주축을 이루며, 여기에 거형 석순들이 층상 구조로 균형과 조화를 이루고 있다.

루디옌 동굴의 경우 입구는 동굴 경관이 좋은 산허리 부근에 설치하였으며, 하향적으로 몇 층을 내려가면서 아름다움의 극치를 이루는 곳에 수평적인 이동로를 만들었다. 또한 쇄도하는 관광객을 혼잡 없이 편하게 처리하기 위해 일방 통로로 약 100여 m를 전진하다 보면 출구로 나오도록 설계하였다. 막장까지의 길

루디옌(蘆笛岩) 동굴 내에 발달한 유석 경관들. 유석은 2차 생성물의 지나친 성장으로 형성되는데 이로 인해 좁은 동굴 공간이 더욱 좁아지게 된다. 다시 말하여 종유석과 석순은 맞붙어 석주가 되고 석주는 맞붙어 온통 벽면을 흘러내리며 동굴 내의 공간을 점차 잠식해 나간다.

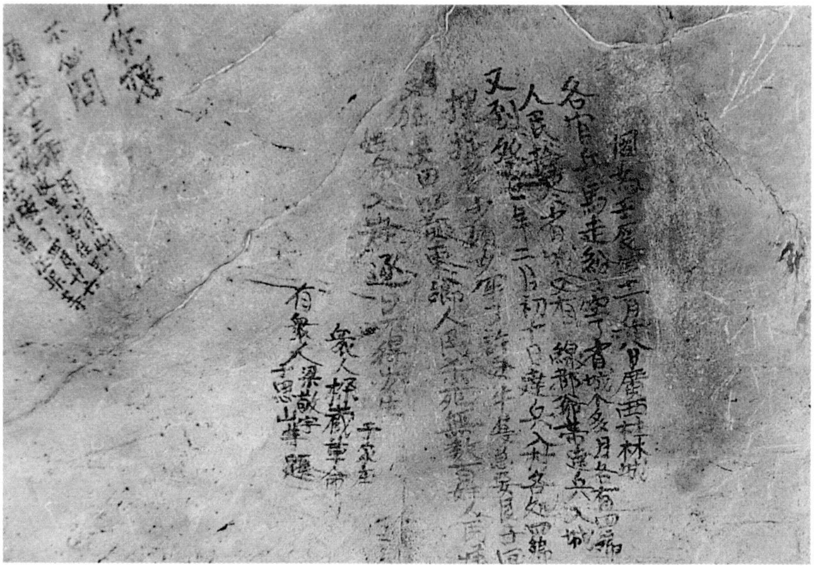

일본 에히메 대학의 가시마 나루히꼬(鹿島愛彦) 교수가 제공한 루디옌 동굴 벽서.

이는 약 250m이다. 안전과 편리함을 동시에 고려하여 설계, 개발함으로써 관광객들이 편하게 동굴을 감상할 수 있도록 한 세심한 배려를 엿볼 수 있다.

특기할 바는 벽서壁書의 존재인데 약 77개소에 당대 이래의 기록이 남겨져 있으며 동굴의 아름다움을 찬양하는 글과 피난의 글도 등장한다. 이 가운데 가장 오래된 것은 당 정원 6년(790)의 것으로 낙양의 서우 우壽武, 천 가오陳皐, 옌 정顏証, 왕 쉬王溆등 네 사람의 이름이 나온다. 고증에 따르면 이들 중 옌 정은 1200년 전 구이린에서 계주자사桂州刺史의 관직에 있던 사람이므로, 루디옌 동굴은 1200년이란 오랜 역사를 간직하고 있다는 결론이 나온다.

ⓛ **치싱옌(七星岩) 동굴** 치싱 공원七星公園 내의 푸퉈 산普陀山 서쪽 산허리에 입구가 발달되어 있으며, 아름다운 치싱 산七星山에서 그 이름을 따 왔다고 전해진다. 옛날에는 치샤둥栖霞洞, 셴리옌仙李岩, 비쉬옌壁虛岩 등의 이름으로 불려 왔으나 현재에는 치싱옌 동굴로만 불리고 있다.

동굴 내의 2차 생성 경관은 화려하지 않지만, 동굴의 규모는 매우 크고 상 · 중 · 하 3층으로 구성되어 있다. 지난날 땅 속을 흐르던 암하暗河의 흔적도 엿볼

◐ 치싱옌(七星岩) 동굴 내의 종유석과 석순 및 석주와 기타 지굴.

◐ 치싱(七星) 공원 내의 룽성옌(龍勝岩) 동굴의 벽서와 석각으로 지난날의 역사를 읽을 수 있다.

치싱 공원 내에 있는 치싱옌(七星岩) 동굴의 입구에서.

수 있다. 최하층에는 현재에도 항구류恒久流가 흐르고 있고, 중간층과의 높이는 10여 m이며 중간층과 상부층의 높이는 8m 내외이다.

현재 관람 구역으로 개발된 것은 중간층인데 군데군데 유석과 종유석 및 석순과 석주 등이 발달해 있다. 특히 제석堤石(rimstone)과 제석소堤石沼(rimpool)가 있는 것이 특징이다.

동굴의 길이는 총 840m이며 가장 넓은 곳은 43m, 가장 높은 곳은 27m이다. 동굴 내의 계절별 온도 변화는 거의 없으며 연중 20°C 내외가 유지된다.

04 윈구이 고원과 쿤밍

카르스트 지형이 많은 윈구이 고원(雲貴高原)

윈구이 고원을 함께 여행한 몽골인 잔잉파旃應發의 말에 따르면, 중국 속담에서는 윈구이 고원을 가리켜 "천무삼일청天無三日晴 지무삼리평地無三里平"이라 한단다. 즉 '기후가 변화무쌍하며 넓은 들판을 보기 힘들다'는 뜻이다. 고원성 기후의 특징을 잘 설명하고 있는 말이다. 또 "사계여춘 우우성동四季如春遇雨成冬"이란 말도 있는데 '늘 봄과 같은 기후이며 비를 만나면 겨울이 된 것 같다'는 뜻으로 열대·아열대 고원 지대의 기후를 잘 표현한 말이라고 생각된다.

중국에는 여러 시기의 지질 시대에 생성된 용해성 암석인 석회암과 백운암질 석회암이 광범위하게 분포되어 있다. 다시 말하여 고생대의 최하부인 캄브리아기로부터 시작하여 중생대를 거쳐 신생대의 산호초 석회암에 이르기까지 다양하게 분포한다.

그리고 이들 용해성 암석의 분포 지역에는 다양한 형태의 카르스트 지형들이 넓은 범위에 걸쳐 잘 발달되어 있다. 그 중에서도 구이린桂林 카르스트에 이어 빼

놓을 수 없는 대규모 카르스트 지형이 나타나는 곳이 윈구이 고원雲貴高原이다. 윈난 성雲南省 동쪽에서 구이저우 성貴州省 전역에 걸쳐 있는 윈구이 고원은 평균 해발 고도가 1,800~2,000m이다. 따라서 이 지역을 달리는 구이쿤貴昆 철도 노선은 대체로 양쯔 강 수계와 주장 강 수계의 분수계를 따라 이동한다.

○ 평균 고도 2,000m인 윈구이 고원상의 광범위한 석회암 지대에 발달한 카르스트 지형의 특징적 지모(地貌). 석회암의 성층 구조와 건폭(乾瀑)이 보인다.

카르스트 현상은 이 철도가 고원을 오르기 시작하는 구이저우 성의 두산獨山에서부터 나타난다. 두윈都匀, 구이딩貴定, 구이양貴陽을 지나면서 본격화된 카르스트 현상은 핑바平壩, 안쑨安順, 푸딩普定과 수이청水城에 이르러 절정에 이르는데 그 부근에서는 매우 특이한 경관들을 목격할 수 있다.

일단 룽떠우溶斗(돌리네), 룽와溶窪(우발레), 룽펀溶盆(폴리예) 등의 이름을 가진 각종 용식 와지들이 대규모로 발달해 있는 것을 볼 수 있다. 룽위안溶原(카르스트 평원)상에는 구펑孤峰(tower karst), 펑린峰林(kagel karst), 스야취石牙區(karrenfeld) 등의 카르스트 볼록 지형들이 나타나는가 하면, 지하의 카르스트 현상인 석회암 동굴도 많이 발달해 있다. 특히 세계적으로 유명한 황궈수黃果樹 폭포도 있다. 이 폭포는 푸딩普定 부근에 발달한 화학적 침전암인 석회암과 화산 활동에 의한 용암류熔岩流가 만들어 낸 걸작품이다.

한편 류판수이六盤水, 쇈웨이宣威, 잔이沾益, 츄징曲靖, 쿤밍昆明, 루난路南 등지의 철로 연변에도 넓은 석회암 지대가 펼쳐져 있다.

따라서 윈구이 고원 일대는 명실상부한 중국 굴지의 카르스트 지역이라고 말할 수 있다.

대체로 이 지역에 발달한 석회암과 백운암 및 백운암질 석회암은 하부 석탄계에서 중생대 초인 중부 삼첩기에 해당한다. 다시 말해 데본기에 시작된 소위 남중국해는 점차로 그 범위를 확대하여 중생대의 삼첩기에 이르러 절정에 이르렀는데 바로 이 시기의 화학적 침전암인 석회암이 이 지역에 광범위하게 분포하고 있는 것이다.

쿤밍(昆明)으로 가는 상공에서

2000년 1월 15일 오전 9시 40분 시짱西藏 자치구의 라싸拉薩 공항을 이륙하여 백설과 빙하에 뒤덮인 티베트 고원의 지형을 관찰하고 기록하는 사이 어느덧 울창한 원추형 침엽수림대에 들어선 것으로 보아 쓰촨 성四川省의 청두成都에 가까워졌음이 느껴졌다.

정오 가까이 되어 청두 공항에 착륙하였다. 그러나 쿤밍으로의 출발 시간이 오후 3시이므로 간단한 점심 식사를 마치고 누가 묻거나 말거나 귀빈 대합실로 들어가 충분한 휴식을 취하였다.

워낙 고산병에 시달린 몸이라 피곤은 했지만 언제 그랬나 싶을 정도로 정상으로 되돌아왔다. 기상 상태가 나빠 약 1시간 연발된다는 안내 방송이 있은 뒤, 비행기는 오후 4시가 되어 다시 청두 공항을 이륙했다.

후이쩌會澤와 둥촨東川 부근의 하늘을 날아 쿤밍昆明으로 가는 항로를 승무원에

◐ 윈난 성 취정 시 후이쩌(會澤) 부근에 발달한 석회암 지대. 상공에서 인식되는 카르스트 지형은 와지와 구평, 펑린 평원 등이다.

하부 페름기의 석회암 지대에 발달해 있는 오목 지형과 볼록 지형. 돌리네, 훔, 코크피트가 연속적으로 나타난다.

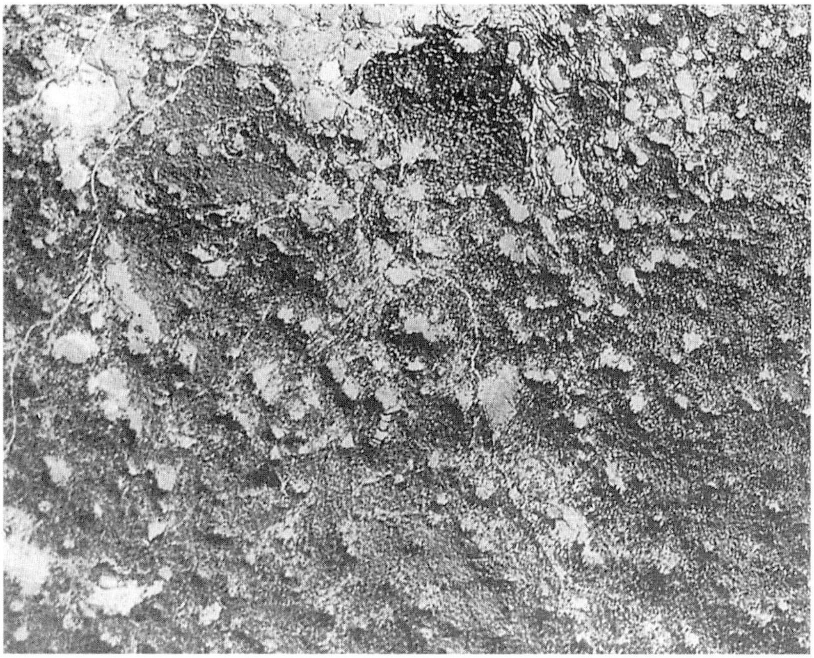

게 확인한 후, 시정이 좋기만을 바라며 공중 촬영 준비에 만전을 기하였다. 워낙 고도가 높은 대형 여객기이지만, 그래도 이들 지역이 2,000m의 고원 지대란 점을 감안한다면 한번 시도해 볼 만한 상황이었다.

윈난 성의 후이쩌會澤 일대는 하부 캄브리아계에서 상부 페름계에 걸친 석회암과 백운암이 넓은 지역에 걸쳐 분포되어 있어 구펑과 췬펑 등을 비롯한 카르스트 현상이 탁월한 곳이다.

후이쩌 상공을 비행하는 2~3분간은 이들 카르스트 지형을 촬영하기에 여념이 없었다. 쿤밍에 도착해서 이 곳을 직접 방문하려고 했지만 교통 사정이 여의치 않아 다음을 기약하였다.

후이쩌에 이어 나타난 둥촨東川 일대의 상부 진단계上部震旦系 백운암 산지에 발달한 카르스트 현상은 아쉽게도 제대로 관찰하지 못하고 쿤밍 국제 공항에 착륙하였다.

호수를 이용한 과도한 양식업은 뎬츠 호(滇池)의 수질 오염을 더욱 심각하게 만들고 있다.

뎬츠 호와 룽먼샤오스린

쿤밍昆明에 있는 뎬츠 호滇池는 윈난 성 최대의 호수로 예부터 풍광이 아름답기로 유명하다. 호수의 형태는 대체로 초승달 모양이며 남북의 길이는 40km, 동서의 평균 너비는 8km이다. 호안의 길이는 150km이고, 호수 면적은 297km^2로 저수량은 12억 m^3이다. 호면의 높이는 해발 1,885m이고, 수심은 대체로 3~5m로 가장 깊은 곳이 10m이며, 건 · 우기의 수위 변화는 1~2m에 이른다. 호수에 수초가 무성하여 차오하이 호草海, 칭차오 호青草湖 등의 별명이 있다.

동쪽과 남쪽 및 북쪽 세 면에서 10개의 하천이 유입되는데 그 가운데 판룽 강盤龍江, 바오샹 강寶象河, 차이허 강柴河, 둥창 강東長河, 청궁대 강呈貢大河, 량왕 강梁王河 등이 주요 하천들이다. 우기에는 호수 남서단의 하이커우海口로 호숫물이 넘쳐 흘러 푸두 강普渡河과 진사 강金沙江으로 유입된다.

뎬츠 호滇池는 홍수 조절과 관개 수리 및 내륙 수운, 수력 발전, 관광 산업 등 여러 가지 측면에서 지역 사회에 큰 공헌을 하고 있다. 그러나 최근에는 인구의 증가와 공업의 발달 및 호수를 이용한 수산 양식업의 증가로 수질 오염이 날로 가중되어, 지역 사회의 새로운 문제점으로 대두되고 있다.

뎬츠 호 서쪽 부분에는 산 전체가 석회암으로 이루어진 시산 산西山이 자리잡고 있다. 시산 산의 연봉들은 남북으로 연면히 20km에 걸쳐 그 산봉우리와 능선의 모습을 뎬츠 호면에 드리우고 있는데, 그 모양새가 긴 머리채를 호수에 드리운 채 누워 있는 여인의 모습과 비슷하다고 하여 예부터 수이메이런 산睡美人山이라고도 불렀다.

이들 연봉에는 화팅쓰華亭寺, 타이화쓰太華寺, 싼칭거三淸閣, 룽먼스댜오龍門石雕,

석회암 산지인 시산 산(西山)의 호안 절벽 중턱에 있는 룽먼(龍門)을 오르는 길은 절벽을 굴착한 반터널식으로 매우 험난하다.

룽먼에서 뎬츠 호(滇池) 건너편을 바라본 모습.

시산 산(西山) 정상 일대를 온통 뒤덮은 석탑원, 즉 카런펠트를 이 지역 사람들은 룽먼샤오스린(龍門小石林)이라 부른다.

룽먼샤오스린龍門小石林 등의 볼거리가 있으며 음악가 네얼聶耳의 묘도 자리하고 있다. 그 가운데 주목할 만할 것이 싼칭거와 룽먼스댜오를 비롯해 룽먼샤오스린이다.

싼칭거三清閣는 원대에 건축되고 청대에 중건된 도교 사원으로 룽먼龍門으로 오르다 보면 만날 수 있으며 룽먼을 통과하면 톈거天閣에 이를 수 있다. 뤄한 산羅漢山 중턱에 위치한 룽먼에 오르려면 뎬츠 호반에 면한 수직 절벽을 굴착한 터널 속을 굽이굽이 오르고 또 올라야 한다. 룽먼 석굴에 올라 석실과 석상, 석연(돌이음새), 석난(돌난간), 석등(돌다리) 등을 보고 있노라면, 인간의 연면한 노력의 결과가 얼마나 아름다운 문화 유산으로 남는가를 여실히 느끼게 된다.

룽먼은 뎬츠 호면에서 약 470m에 이르는 비고를 가지고 있는데 룽먼을 통과하여 정상부에 이르면 룽먼샤오스린龍門小石林이라 불리는 카런펠트(석탑원)가 전개된다.

뎬츠 호와 시산 룽먼의 아름다운 산수는 신생대 제3기 말의 히말라야 조산 운동과 관련이 있다. 큰 단층 작용이 발생하여 단열대의 서쪽은 융기하여 시산 지괴西山地塊를 만들고, 동쪽은 함몰하여 뎬츠 호분滇池湖盆을 만들었다. 뎬츠 호는 생성 당시 지금보다 훨씬 크고 깊었지만, 하천의 운반 물질이 유입되고 풍화 생성물이 사면을 타고 흘러내려 현재와 같은 모습으로 축소되었다.

05 돌숲 루난스린

쿤밍-루난스린 간 특별 관광 열차

윈난 성雲南省의 수도인 쿤밍昆明에서 남동쪽으로 130km 거리에는 예부터 '스린石林(돌숲)' 이라 불리는 일단의 석회암 용식 잔존 지형이 약 $10km^2$의 범위에 걸쳐 모식적으로 발달해 있는데 이 곳이 바로 루난스린路南石林이다.

루난스린에는 마치 대나무숲에서 죽순이 땅을 뚫고 올라온 것처럼, 성난 파도와 중생대 공룡의 이빨들이 화석화된 것처럼 석회암의 용식 작용으로 만들어진 10~20m 높이의 기괴한 돌기둥들이 여기 저기 무리지어 있다. 이렇게 수십만 개의 암주들이 용식호면이나 저기복의 구릉 지대에 용립한 모습은 참으로 기괴한 풍경이 아닐 수 없다.

이 같은 독특한 경관으로 인해 루난스린은 주요 관광 자원으로 개발되어 특별 관광 열차가 운행되는 등 연간 수백만 명의 관광객이 찾아드는 세계적 관광 명소가 되었다.

나는 석회암 지형 연구에 평생을 바치면서 일찍부터 스린石林의 지형 발달 과정

루난스린의 암벽면에는 스린(石林)이라는 간판과 여러 가지 역사적 기록들이 새겨져 있다. 뒤로는 스린의 상징인 육각정 전망대가 보인다.

에 대하여 큰 관심을 가졌고, 벌써 이 곳은 두 번째 방문이었다.

쿤밍에서의 일정을 마친 다음날 아침, 우리는 쿤밍-루난스린 간 특별 관광 열차를 위해 특별히 마련된 간이 역사에서 30위안을 지불하고 이 호화 특급 열차의 연좌軟座(우단을 깔아 부드러운 고급 좌석) 왕복권을 구입하였다.

요란한 의상을 한 이족(彝族) 출신의 관광 안내원들은 친절하게도 스린(石林) 관광을 마친 후 되돌아가는 열차에까지 안내해 주었다.

열차에 올라 보니 대부분의 승객이 중국 각지에서 온 내국인 관광객들이다. 이들은 10년 전에 왔을 때와는 사뭇 다른 분위기로 들떠 있었다. 우선 의상부터 달랐으며 돈의 씀씀이도 커진 것 같았다.

요란한 의상을 한 이족彝族 처녀들

쿤밍-루난스린 간 관광 열차에서 만난 펑 위주(馬玉柱) 씨 가족은 아주 멀리 랴오닝 성 번시(本溪)에서 비행기를 타고 왔다고 했다. 이들은 열차에서 관광 티켓을 사 두는 것이 편리할 것이라고 조언해 주었다.

이 떼지어 노래부르고 춤추며 열차 내의 분위기를 띄웠는데 이들은 제각기 관광 회사 깃발을 들고 티켓을 팔며 관광단을 모집하는 중이었다. 1인당 100위안(12$)에는 조별 소형 버스 승차비와 관광 안내비 외에 점심 식대까지 포함되어 있으니 무조건 자기들만 따라다니면 스린 관광은 끝내 준다고 자꾸 권하는 바람에, 너나없이 모두 이 관광권을 구입하였다.

맞은편에 앉은 아주머니께 어디서 왔느냐고 물었더니, 스린 관광차 랴오닝 성遼寧省의 번시本溪에서 비행기를 타고 왔다고 한다. 그녀는 한 사람당 100위안(12달러)짜리 스린 관광 티켓을 다섯 장이나 사며, 기차에서 미리 사 두는 것이 편리하다는 조언까지 해 주었다. 비록 방문 목적은 달랐지만 우리도 티켓 2장을 구입하였다.

루난스린에 도착한 후 우리도 이들 관광단 일행과 같이 버스를 타고 움직였다. 한편으론 편리하긴 했지만, 대신 출발 시간에 대느라 들르는 곳마다 연구 대상을 찾아 이리 뛰고 저리 뛰며 급하게 움직여야만 했다.

스린의 생성 과정과 형태

루난스린路南石林의 석회암 생성 연대를 지질학적으로 살펴보면, 고생대 말기인 석탄기와 페름기에 걸쳐 해저에서 화학적으로 침전·퇴적한 석회암과 백운암질 석회암으로 이루어져 있다.

다시 말하면, 이 지역은 3억 6천3백만 년 전부터 2억 4천5백만 년 전까지 1억 1천8백만 년 동안 해저에서 퇴적된 석회암이 고생대 말의 범세계적 지각 변동—북미 대륙에서는 Appalachian Revolution이라고 한다.—으로 융기하여 건륙화乾陸化된 석회암 지대로, 구이린 카르스트 지역보다는 암석의 생성 연대가 지질학적으로 약간 앞선다.

한편 석회암은 산성을 띤 빗물에 약하여 쉽게 녹기(용식 또는 부식) 때문에 석회암괴의 주위는 수직으로 다듬어지며, 용식에 따른 석회암의 찌꺼기들은 검붉고

석회암주들의 상층부에 거의 같은 높이로 과거 해저 퇴적면의 환경을 연상케 하는 판상 절리면이 발달하고 있다. 이것은 원래 해저에서 퇴적될 당시의 성층면으로 풍화에 약한 이암부가 선택 침식된 것이다. (사진은 필자와 30여 년간 공동 연구를 이어 온 일본 에히메 대학의 가시마 나루히꼬(鹿島愛彦) 교수가 제공)

◎ 스린의 상징격인 육각정 전망대에 오르면 주변 일대의 경관을 일목요연하게 조망할 수 있다.

차진 점성이 강한 테라로사라는 진흙으로 석회암괴의 주변에 잔적하게 된다. 이렇게 쌓인 진흙은 일종의 불투수층을 형성하여 암괴 주변은 물이 고인 소택지로 변하게 된다. 이러한 현상은 석회암괴의 밑둥을 더욱 부식시킴으로써 건우기의 계절적 변화에 따른 지형의 하향적 발달을 가져와, 스린은 더욱 날카로운 수직벽을 가진 석주군으로 진화 · 발달하게 된 것이다.

따라서 돌숲 '스린' 은 석탑원石塔原, 바로 카런펠트인데 각각의 석탑(카런)들은 용식된 표면 형태에 따라 다음과 같이 분류된다.

① 가는 홈 용식구(溶蝕細流溝 : rillen karren)
② 작은 단상 용식구(小型段狀溶蝕溝 : trit karren)
③ 상천하심형 용식구(上淺下深型溶蝕溝 : rinnen karren)
④ 정상 첨예형 용식구(頂上尖銳型溶蝕丘 : spitz karren)

⬆ 정상 첨예형 용식구(spitz karren)는 어디에서나 흔히 관찰되는 보편적 카런의 형태이다.

◐ 석탑면에 발달한 절리면 용식구(klupt karren).

용식 호안에 기괴한 괴수 도깨비의 형상을 한 돌기둥 3개. 이것 역시 학술적으로는 정상 첨예형 용식구(스피츠 카런)으로 분류된다.

정상 첨예형 용식구 (spitz karren) 면에 발달한 가는 홈 카렌(rillen karren).

결정질 석회암 지대에서 흔히 관찰되는 원정 용식구(runt karren). 용식구의 하단부에는 기계적 풍화에 의한 석회사(石灰砂)가 수북히 쌓여 있다.

⑤ 돈배상 용식구(豚背狀溶蝕丘 : hogback karren)
⑥ 절리면용식구(節理面溶蝕溝 : klupt karren)
⑦ 원정 용식구(圓頂溶蝕丘 : runt karren)
⑧ 암혈 용식구(岩穴溶蝕丘 : hole karren)
⑨ 피복 용식구(被覆溶蝕溝 : decken karren)
⑩ 평면 용식구(石灰岩鋪床 : limestone pavement)
⑪ 해안 파식 카런(石灰岩沿岸波蝕丘 : coastal karren)

한편 루난스린 일대에는 카런 외에도 각종 카르스트 지형들이 모식적으로 나타난다. 그 이유는 우선 스린 일대의 석회암은 괴상 석회암에 가까울 정도의 거후성巨厚性 석회암이라는 데 원인이 있다. 또 기후가 고온 다습하고 암석에 주상절리가 잘 발달되어 있어 수직적 열극 용식裂隙溶蝕에 매우 유리한 편이다. 따라서 루난스린과 그 주변 지역에서는 카르스트 지형을 종합적으로 관찰할 수 있는데 이와 같이 좋은 연구 조건을 갖춘 곳도 매우 드물 것이다.

○ 하부 페름기의 석회암 지대에 발달한 루난 스린(路南石林) 일대의 카르스트 지형(항공사진).

용식 오목지 지형(concave karst)

① 돌리네(doline)

루난路南에서 가로 7.3km, 세로 3.4km 지역 내의 항공 사진에 나타난 돌리네의 숫자는 모두 1,120개로, 이것은 세계적 돌리네 발달 지역으로 알려져 있는 미국 인디애나 주 오를리언즈의 1평방마일 내의 1,022개(W. D. Thornbury의 연구 결과)와 비교하여도 손색이 없다(196쪽 사진 참조).

돌리네는 카르스트 지형의 기본 형태이다. 따라서 돌리네가 나타나면 그 일대는 석회암이나 백운암 지대라는 증거이므로, 일반인들도 여행 중에 쉽게 카르스트 지형을 관찰할 수 있다.

한편 독자적인 집수역集水域을 가진 돌리네 내부에는 집중 호우에 대비한 배수 처리구가 있는데 보통 이를 싱크sink 또는 싱크홀sink hole이라고 부른다. 그러나 이것은 어디까지나 돌리네의 부속물에 불과하다.

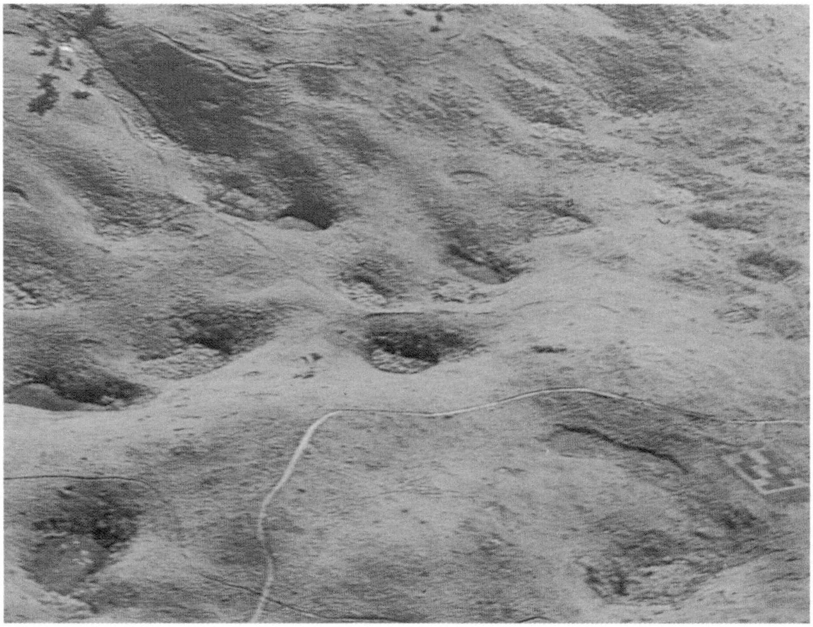

용식 오목지 지형을 잘 보여 주는 공중 사진. 둥근 오목지는 돌리네이고, 2개가 붙은 듯한 땅콩형의 오목지가 우발레이다.

재미있는 것은 우리가 가정에서 사용하는 싱크대의 명칭이 바로 카르스트 지형의 이 '싱크'에서 왔다는 사실인데 그 기능 또한 동일하다는 것을 생각하면 이해에 도움이 될 것이다.

② 우발레(uvale : 溶窪)

기본적 용식 와지인 돌리네가 인접된 돌리네와 연합하여 거의 같은 높이의 와지 바닥을 가진 돌리네의 연합체로서 불규칙한 모양새의 소위 '복합 돌리네'라고 정의할 수 있다. 그러나 이러한 구분은 오히려 와지 분류상 큰 혼란만 초래하고 있는데, 왜냐하면 용식의 진전에 따른 규모의 대소만을 분류의 대상으로 하기 때문이다.

중국에서는 이를 '룽와溶窪'라고 하여 와지로 통합하여 사용하며 우발레란 용어는 거의 사용하지 않는다.

③ 폴리예(polje : 溶盆, 坡立谷)

용해성 암석 지대에 나타난 대규모의 와지에 대하여 붙여진 이름으로, 유고슬라비아에서 보고된 바에 의하면 그 규모 300km^2 이상의 폴리예가 두 곳이나 있다고 한다.

이와 같은 큰 규모의 와지는 단순한 용식 작용으로만 설명될 수 없으므로, 반드시 단층 작용이나 소지역 범위의 지각의 보정적 승강 운동, 즉 지반 운동을 수반한 용식 작용의 합성물로 정의하는 것이 타당하다.

④ 기타

이 밖에도 이러한 와지, 즉 오목지 지형에 예속시킬 수 있는 것으로 맹곡(blind valley)이 있다. 이것은 아주 큰 폴리예 내부에 있는 골짜기로 그 길이가 수 km 내지는 10km를 넘는 것도 있다.

그 동안의 관찰 결과에 의하면, 통상 폴리예 내에는 모든 카르스트 지형이 종합

일종의 함몰성 와지. 주변의 석회암괴들은 카런펠트로 나출(裸出) 카르스트(Nackte karst) 지역이다.

결정질 석회암의 신속한 기계적 풍화와 화학적 용식 작용의 병행이 돌리네와 카런을 공존시켜 나출(裸出) 카르스트 지형을 형성하였다.

용식호상에 있는 숲이 우거진 섬은 지난날 용식에 저항하다 남겨진 외로운 언덕으로 통상 험(hum)이라고 부른다.

적으로 나타나기 때문에 단순한 와지 지형으로만 생각하는 것은 매우 편협한 사고라고 할 수 있다.

용식 잔존 볼록지 지형(convex karst)

① 험(hum)

돌리네가 무수히 발달한 카르스트 지역을 답사하게 되면, 용식은 암석의 경연차와 탄산칼슘 성분의 비율에 따라 차별적 · 선택적으로 진행되고 있음을 쉽게 관찰할 수 있다.

다시 말해 딱딱한 암석 부분과 불순물이 많은 부분을 남겨 두고 그 주위에 용식 돌리네가 생겼다고 가정하면 와지의 한가운데에 볼록한 언덕이 남게 된다. 이러

한 언덕을 가리켜 용식에 저항하여 남은 언덕, 즉 험hum이라고 부르는데 열대 지역에 흔히 나타나는 원추 카르스트가 바로 그것이다. 루난스린 일대에도 이러한 돌리네와 험이 무수히 발달되어 있다.

용식호 부근의 구릉 지대인 험(hum)은 두터운 테라로사로 덮여 있어 비옥하며, 따라서 농경지나 삼림의 성장에 매우 좋다.

② 코크피트(cock-pit)

돌리네와 험으로 연속된 루난스린의 카르스트 지역을 답사하면 와지와 와지 사이에서 가냘픈 능선의 연속을 볼 수 있는데 서양 사람들의 눈에 마치 닭벼슬처럼 보인 데서 코크피트cock-pit라는 이름이 붙었다. 카르스트 지역의 통로는 흔히 이 코크피트를 연결하여 만들어지는데 가장 안전하고 견고한 통로가 된다.
험의 용식 진전에 따라 코크피트는 부드러운 원정을 나타내기도 하며 때로는 석회암의 성질에 따라 예리한 능선을 나타내기도 한다.

⬆ 해발 고도 2,000m의 윈구이 고원(雲貴高原) 루난스린(路南石林) 대지상에 펼쳐진 카르스트 지형의 대파노라마는 그야말로 장관이다.

H – 용식 잔존구,　　D – 돌리네(Doline)와 검붉은 토양 테라로사(Terrarossa)로 피복된 농경지,
Co – 가냘픈 암골의 노두인 코크피트(Cock-pit)　　Ka – 카런(Karren)과 카런펠트(Karrenfeld)

③ 카런펠트(karrenfeld)

카런펠트는 독일어로서 묘석 평야墓石平野라는 뜻이다. 통상 1~2m의 높이에서부터 10~20m의 높이의 것 등 일정한 크기의 기준은 없으나 그 생성 과정은 동일하다. 스린(돌숲)이란 이름에서도 짐작할 수 있듯이 루난스린 지역에는 10~20m의 석탑(카런)들이 수없이 전개되고 있다.

용식 동굴 지형(hole karst)

통상 지형학에서는 지하의 동굴도 '공간'의 한 부분으로 취급한다. 앞에서 말한 구이린桂林 카르스트 지역에는 루디옌蘆笛岩 동굴과 치싱옌七星岩 동굴 등 400여 개의 동굴이 있다고 보고되어 있다. 마찬가지로 윈구이雲貴 고원 지역도 구이저우 성과 윈난 성을 합쳐 전체의 반 이상이 용해성 암석인 석회암과 백운암의 분포 지역이고 평균 고도 또한 2,000m 내외로 동굴 발달의 조건이 매우 좋은 상태이다.

동굴 내의 천정은 석회암의 잔재토인 테라로사에 의해 붉은색을 띠고 있지만, 절리면을 따라서는 순수한 방해석의 백색 2차 생성물이 발달하고 있다.

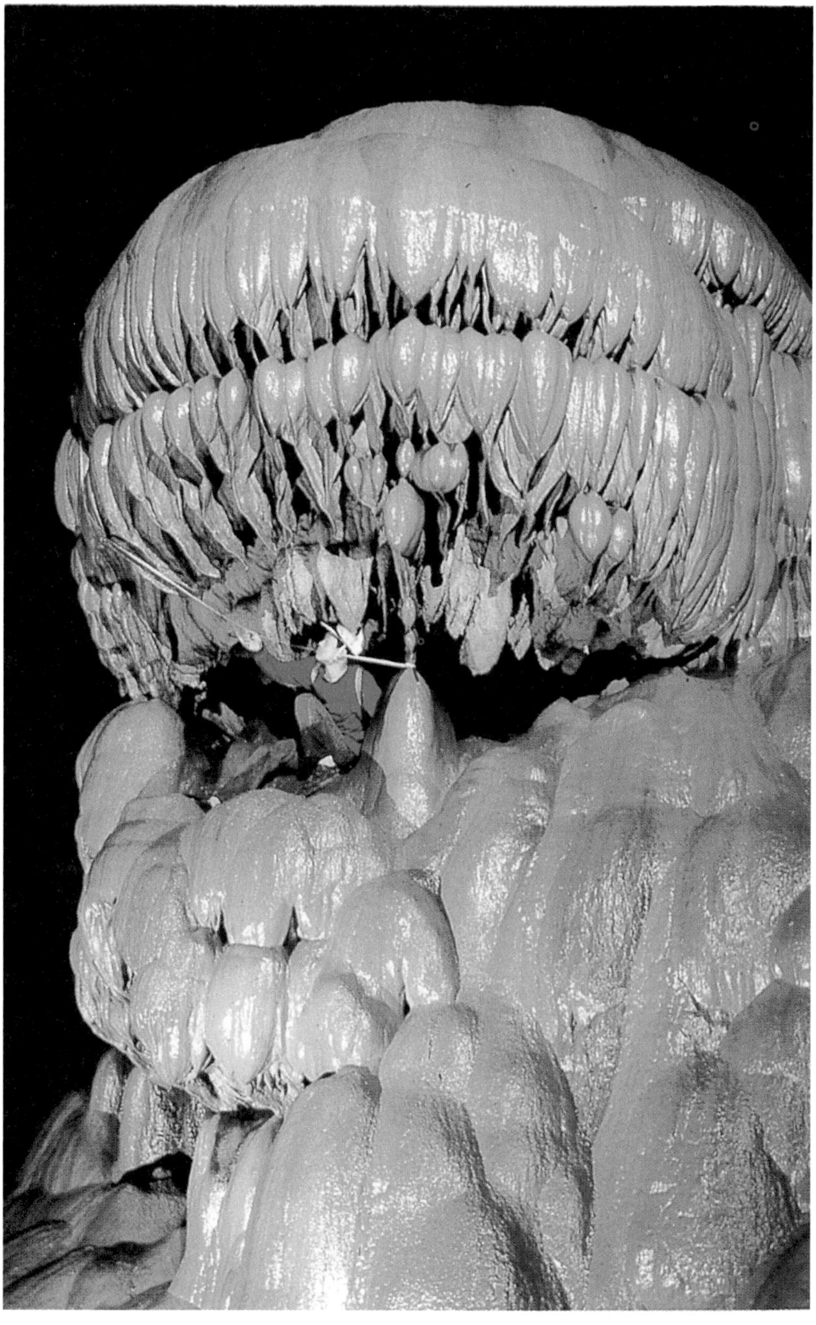

구이저우 성 쥬룽 동굴(九龍洞窟)에 발달한 해파리형 기형 석순. 높이 9m, 둘레 27m에 이르는 거대한 점적석이다. 해파리의 말단부는 일종의 현수상 종유석(ba-cone like sheet)으로, 두드리면 아름다운 소리가 울린다. (사진은 진더밍(金德明), 왕 자오양(汪朝陽) 공저의 '지하세계(地下世界)' 중에서)

구이저우 성에서 600여 개, 윈난 성에서 500여 개의 동굴이 보고되어 있는데 그 중에는 기이하고도 절묘한 동굴도 있다.

예를 들어 구이저우 성에서는 황궈수黃果樹의 수이롄 동굴水簾洞窟, 안쑨安順의 룽치 동굴龍旗洞窟, 전닝鎭寧의 시뉴 동굴犀牛洞窟, 관링關嶺의 쩌떠우 동굴者斗洞窟, 판셴盤縣의 비윈 동굴碧雲洞窟, 전위안鎭遠의 칭룽 동굴靑龍洞窟, 두산獨山의 선셴 동굴神仙洞窟 등 7대 동굴이 가장 유명하다.

윈난 성에서는 루난路南의 쯔윈 동굴紫雲洞窟, 젠수이建水의 옌쯔 동굴燕子洞窟, 원산文山의 싼위안 동굴三元洞窟이 가장 유명하며 이들은 모두 관광 자원으로 개발되어 있다.

오늘날 동굴학은 장족의 발전을 하여 2차 생성물, 즉 동굴 퇴적물(speleothem)에 대한 계통적 연구와 동굴 광물 분야 등에서 눈부신 진보를 거듭하여 왔다. 그 중에서도 중국의 연구 성과가 괄목할 만하다. 특히 중국은 동굴 지하수의 활용에 관한 연구 분야에서 암하暗河와 더불어 용천 현상으로까지 영역을 넓혀, 이런 현상이 댐 건설에 미치는 부정적 영향에 대해서도 상당 수준 연구가 진행된 상태이다.

구이저우 성(貴州省) 페이룽 동굴(飛龍洞窟)에 발달한 2차 생성물(speleothem)의 거대한 경관. 절리면을 따라 종유석 열과 석순 및 석주가 자라고 있다. 거대 석주의 높이는 39m에 이르며 이는 동굴 천장을 떠받치고 있는 점적석(drip stone)의 완성품이다. 2차 생성물의 성장 속도를 연간 2mm로 계산하면 석주는 19,500년이란 장구한 세월을 두고 자랐으리라 추산된다. 또한 점적의 초점이 흐트러짐 없이 안정된 성장을 하고 있으며, 좌측의 석주 중하단부는 디스크형 석순(점적의 빈도와 점적량이 많을 경우 형성)인 점으로 볼 때 약 8,000~9,000년 전에 다우기(多雨期)가 있었음을 암시해 준다. 이는 뷔름(Würm) 빙기의 극적인 후퇴와도 일치되는 기후 사변을 입증해 주는 사례이기도 하다. (사진은 진 더밍(金德明), 왕 자오양(汪朝陽) 공저의 '지하세계(地下世界)' 중에서)

Part 3

중국의 생명 창고 양쯔 강 유역

中國

01 '적색 분지'로 알려진 쓰촨 분지

진사 강(金沙江) 연안의 청쿤 철도

1988년 8월 쓰촨 성四川省의 수도 청두成都로 가기 위해 세계적 난공사로 알려진 청쿤 철도成昆鐵道를 이용, 1박 2일간 진사 강金沙江을 따라 북상하였다.

청쿤 철도는 쿤밍을 출발하여 헝돤 산맥橫斷山脈과 비지 산碧雞山, 샤오량 산小涼山, 야룽 강雅礱江, 진사 강金沙江, 다두 강大渡河을 지나 청두成都에 이르는 철도로 1958년 7월에 착공하여 12년 뒤인 1970년 7월 1일에 개통되었다.

노선의 총 연장은 1,058km에 불과하지만, 청두에 이르기까지 427개의 터널과 653개의 크고 작은 교량을 통과하는 경이로운 철도이다. 때로는 터널 속의 교량과 교량상의 터널 등을 수십 개소 지나고, 지하의 정거장 또는 기괴한 고가 정거장을 거쳐 촨시 평야川西平野를 따라 북상, 마침내 종착역인 청두에 이르게 된다.

이 청쿤 철도의 노선이 통과하는 지역은 험산 준령과 현애 절벽으로 이루어져 있어 산이 높고 깊을 뿐만 아니라 그 지질 또한 매우 복잡하며, 특히 석회암 지대에는 동굴과 암하暗河가 많다. 게다가 기후는 변덕스럽고 하천의 흐름은 매우

○ 청쿤 철도(成昆鐵道) 연변 안닝 강의 혼탁한 강물은 원구이 고원을 신속하게 침식하여 균평화 작용(均平化作用)을 수행하고 있다.

○ 쿤밍(昆明)을 떠난 기차는 양쯔 강 상류부에 해당하는 진사 강(金沙江) 연안을 따라 쓰촨(四川) 분지로 들어가 종착역인 청두(成都)에 이르게 된다.

청쿤 철도 연변에 발달한 하안 단구와 단구상에 입지한 중국의 전통 농가.

빠르며 유사流沙와 암붕岩崩에 더하여 토석류土石流까지 자주 발생한다. 따라서 청쿤 철도의 건설은 실로 세계에 유례가 없는 난공사였다. 온 세계가 이 대역사의 성공적 마무리를 축하했으며 각국에서는 철도 건축 사상 큰 획을 그었다고 찬사를 아끼지 않았다.

한편 청쿤선의 개통은 헝돤 산맥과 진사 강 연안에 풍부한 철광석, 구리, 연, 아연, 인광석, 니켈, 텅스텐 등 각종 지하 자원과 임산 자원을 적극적으로 개발, 활용할 수 있게 함으로써 지역 경제 발전의 큰 원동력이 되고 있다.

우리는 쓰촨 성 일대를 세 차례(1988, 1991, 2000년)나 여행하였다. 청쿤선의 종착지 청두는 '삼국지'의 주인공인 제갈 량과 소열황제 유비의 능을 볼 수 있는 우허우츠武候祠라는 사당을 비롯해 시인 두보의 초당 등 역사 유적들이 즐비한 곳이다.

우리는 특히 그 동안 이 곳에서 쯔궁自貢의 다산푸大山鋪 공룡 박물관, 만리장성에 견줄 만한 기원전 256년에 건설된 두장옌渡江堰의 수리 공정 등을 자세히 살펴보고, 주자이거우九寨溝에 발달한 세계적 규모의 석회화 단구와 도교의 성지인 칭청 산青城山 등도 답사하였다.

1988년 8월의 첫 여행에서는 충칭重慶으로 이동하여 어링 지협鵝岭地峡을 살펴보았다. 충칭에서 3,000톤급 윤선 '장위江渝 3호'를 타고 양쯔 강 싼샤三峡와 거저우바葛州壩 댐 및 271만 5천 Kwh를 생산하는 거저우바 발전소를 관찰할 수 있었던 것은 평생에 잊을 수 없는 아름답고 놀라운 경험이었다.

댐의 하류 지역에 전개되는 량후 평원兩湖平原과 금세기 중에 사라져 버릴 둥팅호洞庭湖를 비롯해 수없이 많은 하적호와 지평선이 보이는 광대무변한 평원 등을 두루 살펴보고, 끝으로 물길을 연결하는 인공 수로망도 돌아보았다.

중국 최대의 제철 공업 도시 우한武漢을 들러 다시 윤선을 갈아타고 상하이上海로 향했다. 이 지역에서는 포양 호鄱陽湖와 닝전寧鎮 구릉 그리고 양쯔 강 삼각주에 대해 깊이 생각할 수 있었는데, 이는 이후 4차(1991, 1993, 1996, 2000)에 걸쳐 상하이를 방문하는 계기가 되기도 했다.

청쿤 철도의 개통으로 오지였던 진사 강 연안에 설치된 진장역(金江驛). 대외 개방이란 바람을 타고 여인들의 옷차림도 세련되어 갔다.

한편 푸둥浦東 공업 지대가 있는 상하이의 황푸 강黃浦江 연안에서는 급성장하는 중국을 느낄 수 있었다. 푸둥 공업 지대는 수륙 교통이 편리할 뿐만 아니라, 중국 최대의 인구 집중 지역을 끼고 있어 소비 시장이 방대하고 질 좋은 우수한 노동력을 원활하게 공급받을 수 있었기 때문에 중국 최대의 공업 지대로 성장해 온 곳이다.

친링(秦嶺)을 넘어 쓰촨 분지로

두 번째 중국 여행에서는 우루무치烏魯木齊에서 청두成都까지의 장거리 기차를 탔다. 기차는 3박 4일간 3,064km를 줄기차게 달려 란저우蘭州를 지나 바오지寶鷄에 도착하였다. 여기서부터 친링秦嶺과 다바산大巴山 산맥의 속산인 미창米倉 산맥을 넘어야 쓰촨 분지에 이르는데, 거의 모든 구간을 친링 산맥의 위황 산玉

쓰촨 분지(四川盆地)는 적색 사암 풍화토로 인분이 많고 비옥하다. 기후 또한 온화하여 가장 추운 1월 중순까지 사진에서와 같은 농작 경관을 볼 수 있다. 그리하여 각종 관개 수리 시설이 발달하고, 중국 농업의 중심지를 이루게 되었다. 분지 내에는 잔잔한 구릉과 분지들이 얽혀 있어 파랑상의 준평원을 연상하게 한다.

皇山(2,819m)에서 발원하는 자링 강嘉陵江의 하곡을 따라 이동하게 된다.

바오지를 출발하면 바로 친링 산맥으로 진입하게 되는데 271km 지점인 양핑관陽平關에서 친링은 끝난다. 여기서 다시 미창 산맥으로 진입하게 되는데 미창 산맥도 미엔양綿陽까지의 281km에서 그 날개를 접는다.

중국에는 친링 산맥을 비롯해 워낙 큰 산맥들이 많기 때문에 미창 산맥이라는 이름이 우리에게는 낯설지만, 그 규모는 우리의 상상을 초월할 정도이다. 실제로 미창 산맥의 길이는 552km로 우리의 수리로 환산해 보면 자그마치 1,380리가 된다.

한편 친링에 들어서기 이전까지의 경관은 사막과 황토 고원으로 획일적인 황색 일변도의 세계인 데 반해, 이들 산맥을 넘어 쓰촨 분지에 이르게 되면 오색 꽃들이 만발한 심록의 세계로 돌변한다.

쓰촨 분지는 그 둥근 분지 바닥만 따지면 북위 28도~33도, 동경 103도~109도로 수리적 위치상 아열대성 기후 지역에 해당한다. 따라서 기후가 온화하고 강수량이 많으며 토지가 광활, 평탄하고 비옥하다. 또한 수리 관개 시설도 발달하여 연중 4계절 전천후 농업이 이루어지기 때문에 쓰촨 성은 풍요 그 자체이며 중국인들이 흔히 말하는 어미지향魚米之鄕, 다시 말해 천부의 땅이라 불릴 만한 곳이다.

쓰촨 분지(四川盆地)의 성인

고생대 말의 범세계적 지각 변동에도 불구하고 상양쯔 천해(Upper Yangtze Sallow Sea)는 중생대 초기인 삼첩기까지 그 범위를 확대해 나갔다. 그러나 삼첩기 말의 지각 변동으로 서서히 건륙화되었고, 그 결과로 쥐라기 초에는 바얀할Bayan Har 산지와 고친링Paleo Qinling 산맥 및 샹첸구이Xiang Qian Gui 고원 사이에 쓰촨 분지의 전신인 촨뎬川滇 분지가 생겨났다.

촨뎬 분지는 쥐라기 전 기간을 통하여 존재하는데 거대한 호분으로 담수되어 육

○ 대나무숲과 구릉성 산지로 둘러싸인 산촌(散村) 형태의 전통 농가. 비옥한 적색토는 연중 돌려짓기로 농가의 소득을 높이며, 이 곳에서 생산된 채소는 전국 각지로 공급된다.

성층인 두터운 호성층이 퇴적되었다. 이 호성층의 층후는 보통 2,000~3,000m이며 최대 층후는 분지 북쪽에서 4,200~4,500m에 달했다. 가장 얇은 층을 이룬 곳은 분지의 서부에 자리잡은 어메이峨眉 지역으로 1,200m이다. 이는 중생대 중기인 쥐라기의 전 기간을 통해 6천2백만 년 동안 지각 평형적(isostasy) — 이론상으로 지각의 평형을 유지하기 위한 끊임없는 퇴적과 완만한 침강 현상이 이루어졌다는 것을 시사한다.

오늘날의 쓰촨 분지는 북쪽의 다바 산맥大巴山脈, 남쪽의 윈구이 고원雲貴高原, 서쪽의 티베트 고원, 동쪽의 우산 산맥巫山山脈으로 둘러싸인 완전한 분지이며 해발 고도는 300~700m, 그 면적은 180,000km²에 이른다.

중생대 전반에 걸쳐 퇴적한 지층은 대부분 적자색 사암과 이들 사이에 협재한 혈암(shale)으로 구성되어 있어, 쓰촨 분지는 '적색 분지' 또는 '자색 분지'란 별

쓰촨 분지 내의 지층은 적색 사암과 이암의 호층 구조로 되어 있어 차별 침식에 의한 토양화가 신속하게 진행되고 있다. 사진은 쯔궁(自貢)의 다산푸 공룡 박물관 경내의 표준 지층 모습.

명도 가지고 있다.

이러한 토양 조건에다 기후가 온화하고 강수량이 많으며 수계가 조밀하여 육상 침식이 신속하게 이루어졌다. 따라서 분지 내에는 구릉성 산지가 잔잔한 파랑이 일듯 부분적 준평원을 이루고 있고, 양쯔 강은 대하를 이루며 다바 산맥을 가로질러 소위 양쯔 강의 3대 협곡 '싼샤'를 만들어 냈다.

02 쯔궁의 공룡 박물관과 염정

용들의 세계

우리들은 보통 용이나 봉황이란 실재 세계에 존재하지 않는 상상의 동물로만 치부하려 한다. 그러나 지질학적으로 볼 때 용들의 세계는 지금으로부터 2억 5,600만 년 전인 페름기 중기에서부터 시작되었다.

중생대 초인 삼첩기로부터 중생대가 끝나는 6,500만 년 전인 백악기 말까지의 1억 9,100만 년 동안 지표상에는 상상할 수 없을 만큼의 많은 공룡들이 살았다. 무섭고 큰 몸집을 가진 괴상한 거형 동물들이 마치 영화 '쥐라기 공원'에서처럼 무리를 지어 살고 있었으며 그들이 바로 용인 것이다.

이 용들이 지금으로부터 2억 800만 년 전~1억 4,600만 년 전까지 6,200만 년 동안 중생대 중기 쥐라기의 세계를 지배하였다는 지질학적 기록은 세계 도처에 산재되어 있다. 특히 쓰촨 성의 쯔궁自貢 같은 중국의 쥐라기 지층에서도 많은 공룡 화석이 발굴되었다. 중국은 이들 화석 발굴 현장에다 박물관을 건설하여 일반에게 공개하고 있다.

공룡 화석의 보고 쯔궁

다산푸(大山鋪)의 쯔궁 공룡박물관 정문. 금빛 찬란한 초서는 예술적 감각을 흠뻑 머금고 있다.

쯔궁自貢 다산푸大山鋪에 자리잡은 쯔궁 공룡박물관은 화석 발굴 작업 도중 공룡군굴恐龍群窟을 발견하고 그 현장에다 세운 것으로 그 규모가 매우 크다.

1972년 여름, 우연히 지질학자들에 의해 이 곳에서 공룡 화석이 처음 발견되었다. 연구를 통해 화석 발견 지층은 중생대 쥐라기에 퇴적된 것으로 판명되었다.

1979년에 다시 이 곳에서 쓰촨 석유관리국四川石油管理局과 촨시 남광구川西南鑛

규모가 매우 큰 쯔궁 공룡박물관의 전경. 이 박물관은 중생대 쥐라기 공룡 화석의 발굴 작업 중 공룡군굴(恐龍群窟)을 발견하고 그 현장에 지붕을 덮어 만든 희대의 걸작품이다.

區의 지질학자들에 의해 공룡을 비롯한 척추동물의 화석이 다량 발굴되었다. 이로써 이 지역은 '중생대 화석의 보고' 로서 큰 주목을 받게 되었다.

뒤이어 베이징, 청두, 충칭, 쯔궁 등지의 지질 전문가들이 참여하여 본격적인 발굴과 정리 작업이 진행되었고, 그 결과 2,800m^2에서 공룡과 공생동물 100여 개의 개체를 계통적으로 분류할 수 있었다. 그리하여 3개 강綱, 11개 목目, 15개 과科, 그리고 10여 개의 종속種屬으로 나누어 연구 발표하는 큰 성과를 거두었다.

1982년에는 공룡 화석 발굴 현장에 지붕을 덮고 박물관을 건설하려는 계획안이 국무원國務院의 비준을 받아 확정되었다. 이렇게 세워지게 된 쯔궁 공룡박물관은 1차 공정이 마무리되면서 1986년 춘절春節을 기하여 일반에 공개되어 중국 인민의 과학 교육과 더불어 외화 획득에도 기여하고 있다.

현재 우리 나라에서 계획하고 있는 해남군 황산면 우항리의 공룡 족적 화석지 개발 사업의 미래도 여러 모로 밝아 보인다.

공룡 박물관 앞마당에 세워진 조형물로 암몬조개와 방상충을 상징한다. 조형물 주변의 야자수는 이 곳의 기후를 말해 준다.

다산푸의 공룡 박물관 구조

다산푸의 쯔궁 공룡박물관은 대지 면적이 25,000m²에 달하며 연건평 6,000m²에 이르는 지하층과 지상 2층으로 된 현대식 건물이다. 건물 내부는 지식청, 표본 진열청, 화석 매장청의 세 부분으로 나뉘어져 있고, 화석 표본 진열 면적은 총 3,600m²이다.

① 지식청(知識廳)

1층인 지식청은 관람객들에게 지질학적 기초 지식을 알려 주는 데 역점을 두고 있다. 예컨대 공룡의 멸종 이유로서 기후 변화, 생물 감중독, 소행성 충돌, 유전신식 돌변설遺傳信息突變說 등과 같은 흥미진진한 답변들을 상세히 설명함으로써 전 국민을 과학적으로 가르치고자 하는 중국 정부의 노력을 엿볼 수 있다.

② 표본 진열청(標本陳列廳)

2층인 표본 진열청에는 석각류蜥脚類, 수각류獸脚類, 조각류鳥脚類, 검룡류劍龍類, 갑룡류甲龍類, 각룡류角龍類, 종두류腫頭類 등이 전시되고 있으며 이들에 대한 지사학적 해설들이 붙어 있다. 이 곳에서 전시되고 있는 20여 종의 화석들을 개략적으로 살펴보면 다음과 같다.

• **촉룡(蜀龍 : Shunosaurus)** 원시 석각공룡蜥脚恐龍의 한 종류로 성체成體 표본의 신장은 12m인 데 비해 유체幼體 표본의 신장은 6m이고, 목은 짧으며 앞발은 왜소하다. 삼첩기와 쥐라기 석각공룡의 중간형을 지닌 과도적 유형으로 하천이나 호수 주변에서 유연한 식물성 먹이를 주로 먹고 산 것 같다.

• **자류정촉룡(自流井蜀龍 : Shunosaurus Ziliujingensis)** 근친에 의한 촉룡의 변종 중 한 가지이며 성체의 신장은 9m 정도이다. 치식齒式으로 보아 잡식성 공룡으로 판단된다.

• **천부아미룡(天府峨眉龍 : Omeisaurus tianfuensis)** 두부가 크며 한층 발전된 석각

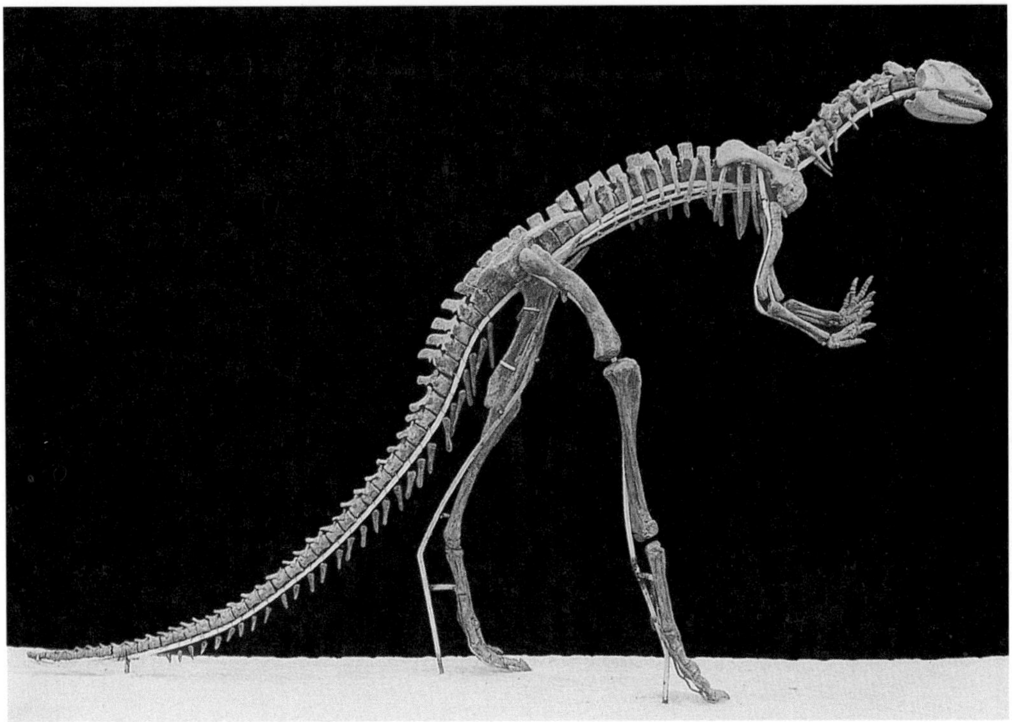

○ 건설기룡(建設氣龍, Gasosaurus constructus). 소형 육식 공룡으로 신장은 4m. 앞다리는 퇴화되고 뒷다리로 뛰어다녔던 것 같다. 다산푸에서 발견된 유일한 육식 공룡으로 성격이 포악하다.

공룡이다. 초식 공룡으로 표본의 신장은 20m이며 어깨의 높이는 3m이다. 체중은 40톤 내외로 육식 공룡을 피해 항시 수중 생활을 한 것으로 추정된다.

• **건설기룡(建設氣龍 : Gasosaurus constructus)** 일종의 소형 육식 공룡으로 성체의 신장은 약 4m이다. 앞다리는 퇴화되어 통상 뒷다리로 뛰어다닌 것 같다. 다산푸大山舖 발견의 유일한 육식성 공룡으로 그 포악성을 엿볼 수 있다.

• **태백화양룡(太白華陽龍 : Huayangsaurus taibaii)** 일종의 검룡劍龍으로 성체의 체장은 4.3m이며 두개골이 중후하고 등줄기에 날카로운 검열劍列을 가지고 있을 뿐만 아니라 꼬리 끝에 비교적 큰 한 쌍의 미자尾刺를 가지고 있는 것으로 보아 아마도 방어용 무기로 사용했던 것 같다. 하천이나 호수 주변에서 관목의 연한 가지나 잎을 주로 먹고 살았다. 전시된 이 공룡 표본은 그야말로 쥐라기를 대표하는 세계에서 가장 완벽한 검룡 표본이다.

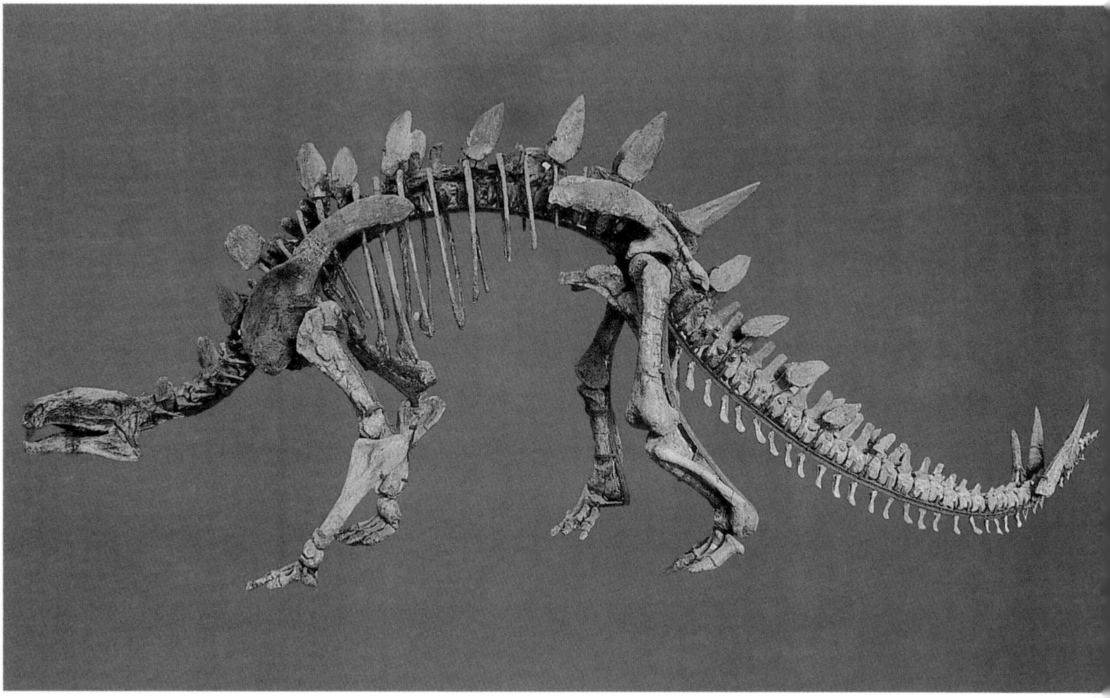

• **다치염도룡(多齒鹽都龍 : Yandusaurus multidens)** 건장한 두 다리로 뛰어 다니는 조각류鳥脚類에 속하는 공룡으로 신장은 1.4m이다. 두부는 왜소하며 전지는 단소하고 후지는 세장한 잡식성 공룡이다.

• **인치어(鱗齒魚 : Lepidotes)** 반추어목半椎魚目에 속하며 다산푸 공룡 동물군 중 가장 중요한 어류로서 일종의 폐어肺魚 중의 각치어角齒魚이다. 체장은 1.5m로 옛날 쓰촨 호四川湖의 무서운 포식자였을 것으로 추정된다.

• **양서류(兩棲類 : Sinobrachyeps placenticephalus)** 다산푸 공룡 동물군 중 유일무이한 양서류로 그 보존 상태가 매우 좋다. 이 양서류는 삼첩기 말에 완전히 멸종되었는데 그 이유에 대한 설명은 어디에서도 찾아볼 수 없다.

• **구별류(龜鱉類 : Chelonia)** 다산푸 공룡 동물군 중 수량과 종류에서 가장 풍부한 공생 동물로서 쥐라기 전 기간에 걸쳐 최대의 번성을 한 패씨구貝氏龜(Baenidae)가 가장 많다. 쥐라기의 자라(龜) 화석은 세계적으로 보아 매우 희소하지만, 다

태백화양룡(太白華陽龍, Huayangsaurus taibaii). 쥐라기(Jurassic Period)를 대표하는 세계에서 가장 완벽한 검룡의 표본이며 다산푸 박물관을 상징하는 공룡이기도 하다. 등줄기의 날카로운 삼각골판과 꼬리 끝의 긴 가시는 방어용 무기로 사용하고, 하천이나 호수 주변에서 주로 관목의 연한 가지나 잎을 먹고 산 것으로 추정된다.

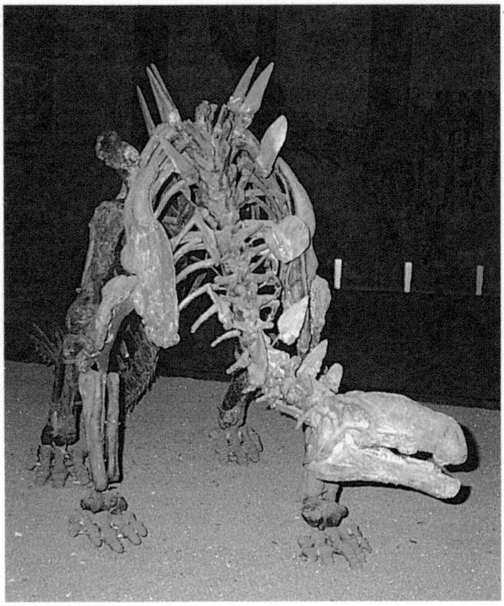

다치염도룡(多齒鹽都龍, Yandusaurus multidens). 건장한 두 다리로 뛰어 다니는 조각류(鳥脚類)에 속하는 공룡으로 신장은 1.4m, 두부는 왜소하며 앞다리가 짧은 잡식성 공룡이다.

산푸에서는 풍부하게 산출될 뿐만 아니라 그 보존 상태도 매우 우수하다.

• **장두협비익수룡(長頭狹鼻翼手龍 : Angustinaripterus longicephalus)** 이 공룡은 익수목翼手目에 속하며, 박쥐를 닮은 비행동물로 사지가 잘 발달되었고, 사지 사이가 익막翼膜으로 되어 있어 날기에 적합하다. 주로 하천이나 호수에서 어류를 잡아먹고 산 것으로 추정된다.

• **사경룡아목(蛇頸龍亞目 : Pleisiosauria)** 사경룡류는 고도로 수중 생활에 적응한 파행동물爬行動物인데 해수나 담수를 가리지 않고 서식한 것으로 추측된다. 다산푸에서 출토된 사경룡은 내륙의 하호河湖 생활에 적응된 상룡류형上龍類型(Pliosauridae)으로 육식성이며 다산푸 공룡 중 수중의 제왕이었다.

이 밖에도 포유동물과 파행동물의 중간적 과도 유형인 사포유파행류似哺乳爬行類로 다산푸에서 발견된 천남다치수川南多齒獸(Polistodon chuannanensis)가 있는데 이첩기에서 삼첩기에 걸쳐 최대의 번성을 누렸다.

③ 화석 매장청(化石埋藏廳)

끝으로 화석 매장청은 지하층으로 바로 공룡군굴이다. 이것은 엄청나게 규모가 큰 다산푸의 공룡 공묘이며 그 면적은 17,000m²에 달한다. 이 중 매장 현장 1,350m²에 건물을 지어 공룡과의 공생 동물 약 40여 개체를 2층에서 지하층을 향하여 관찰할 수 있도록 구조화해 놓고 있다.

당시의 가칭 '쓰촨 호 호변 평원'은 기후가 온화하고 식생이 풍성하여 이들 공룡들이 살기에 가장 이상적인 환경이었다. 따라서 공룡은 최대의 번성을 누리게 되었고, 기후 사변 또는 그 밖의 재앙으로 인해 떼죽음을 당하게 되자 이 곳에

장두협비익수룡(長頭狹鼻翼手龍, Angustinaripterus longicephalus) 익수목에 속하며 박쥐를 닮은 비행동물로 사지 사이에 익막(翼膜)이 발달하여 날기에 적합하고, 하천이나 호수에서 어류를 잡아먹고 사는 것으로 추정된다.

공룡군굴이 형성된 것으로 고생물 학자들은 추리하고 있다.

쯔궁의 염정(鹽井)과 현대적 보링 기술

쯔궁 시 지역은 기원 1세기경부터 오늘에 이르기까지 짠 우물, 즉 염정鹽井이 있어서 염정에 의한 제염업이 활발히 이루어져 왔다.

진대晉代인 265년부터 420년까지의 기간에는 염정을 이용한 제염업의 기초가 다져졌고, 당 · 송대인 618년부터 1279년까지의 기간에는 쓰촨 성 전역에 쯔궁의 이름이 알려지게 되었다. 명나라의 가정 연간에는 자분 염정自噴鹽井 개발에 성공함으로써 염정 제염업은 전성기를 맞았다.

특히 청나라의 함풍동치 연간인 1851~1874년 사이에는 쓰촨 성이 제염업의 중

깊은 지하에서 짠물을 끌어올려 소금을 만들던 도르레탑을 복원한 소금의 도시 쯔궁(自貢). 하늘을 찌를 듯한 도르레탑의 모습이 염정 제염업의 옛 영화를 떠올리게 한다.

심으로 자리잡게 되었으며, 쯔궁은 연간 20만 톤에 가까운 소금을 생산하여 성 전역은 물론 구이저우貴州, 윈난雲南, 후베이湖北, 후난湖南 성 등 중국 총인구의 10%에게 소금을 공급하여 염도鹽都로서 이름을 떨쳤다.

한편 1041년부터 1048년 사이의 북송 경력 연간에는 탁통정卓筒井이란 소구경 심정 굴착에 성공하였는데, 이 탁통정이 채용한 충격식 천공법은 인간이 기계에 의한 착정을 시작하는 신기원을 이룩한 것이었다.

이와 같은 기술의 부단한 발전은 이미 19세기 초엽에 1,000m가 넘는 심정을 굴착하는 신기술을 개발함으로써 현대적 보링boring 기술의 발전에 크게 공헌하였

쯔궁 시 염업역사박물관에 보관된 탁통법(卓筒法)의 모형. 11세기 중엽의 북송 경력(慶曆) 연간에 개발된 이 우물파기 기법은 1835년 세계 최초로 1,000m 깊이의 우물을 파는 데 성공함으로써 오늘날의 보링 기술의 모체가 되었다.

을 뿐만 아니라 세계 과학 기술 발전에도 큰 공헌을 했다.

다시 복원된 옛날 높이 솟았던 목탑과 꾸불꾸불 산야를 달리던 죽통 수송 파이프, 그리고 쯔궁 시의 염업역사박물관은 염정 제염의 발전사를 일목요연하게 보여 주는 살아 있는 역사의 현장이다. 특히 염업 역사 박물관은 소금 전문 박물관으로 세계 과학 기술사에서 비중 있는 자리를 차지하고 있다.

03 만리장성에 버금가는 대역사 '두장옌'

다목적 댐 두장옌(都江堰)

두장옌은 기원전 256년 촉군 태수蜀郡太守 리 삥李氷 부자에 의해 설계되고, 그들의 감독 아래 온 지역 주민이 동원되어 건설한 엄청난 수리 관개 시설로 일종의 다목적 댐이다. 쓰촨 분지를 관류하는 양쯔 강의 4대 지류 중 하나인 민장 강岷江에 언제堰堤, 즉 둑을 설치함으로써 홍수와 가뭄에 대비하고 물 자원을 확보하여 사철 안정된 영농을 구현할 수 있게 되었다. 이로써 쓰촨 분지의 청두 평야成都平野는 명실상부하게 하늘이 내린 옥토가 되었다.

이러한 두장옌 건설 공사는 인류 역사상 대역사大役事로 손꼽힌다. 우선 사용된 공법이 그렇다. 강을 가로지르는 직선상의 하상에 수많은 말뚝을 박고 그 말뚝 위에 대나무를 광주리처럼 연속적으로 엮어 가며 호박돌을 채워 넣는 과정을 수십 번 되풀이하는 방법으로 댐을 완성하였다.

또 두장옌은 세계 최초의 다목적 댐이다. 특히 공정은 세 단계로 나뉘어 진행되었는데 먼저 분수제分水堤인 위쭈이魚嘴를 건설하여 물살을 조절하고, 다음은 홍

기원전 256년 양쯔 강의 지류인 민장 강(岷江)을 가로막는 둑을 쌓기 위해 사용된 건설 공법. 하상에 말뚝을 박고 대나무를 광주리처럼 엮어서 서서히 돌로 채워 가며 두장옌(都江堰)을 건설하였다. 만리장성 축조에 버금가는 대역사라고 할 수 있다.

두장옌 건설의 주역 리 삥(李氷) 부자의 위패를 모신 사당인 이왕묘(二王廟). 관광객의 발길이 연중 끊이지 않는다.

두장옌의 전경. 광대한 청두 평야 850만 ha의 땅을 관개하여 전천후 농업을 가능하게 하였다.

수 조절용 물길인 페이사옌飛沙堰을 만들고, 마지막으로 인수구引水口인 바오핑커우寶瓶口를 만들어 물을 저수하였다. 이렇게 과학적인 다목적 댐을 만듦으로써 광대한 청두 평야를 수리 안전답으로 만들 수 있었다. 한마디로 세계에 자랑할 만하다고 할 수 있다.

두장옌의 혜택은 건설 당시 14개 현에서 오늘날에는 27개 시 · 현으로 확대되었다. 관셴灌縣, 미엔주綿竹 싼타이三台, 쑤이닝遂寧, 쯔양資陽, 칭선靑神에 이르는 지역에서 초기 300만 무畝에서 오늘날에는 850만 무의 넓은 땅을 관개하고 있으며 머지 않아 1,000만 무를 돌파할 것으로 예측된다.

티베트 고원 입구의 비펑샤(碧峰峽) 단층 열곡

2000년 1월, 세 번째로 들른 청두成都의 진다錦達 호텔에서 택시를 대절하였다. 티베트 고원으로 진입하는 길목에 있는 야안雅安의 비펑샤碧峰峽 협곡을 탐사하

비펑샤 단층 열곡으로 내려가는 27층 높이의 승강기.

기로 한 것이다. 옛날 같으면 하루 종일 가야 할 거리이지만, 개통된 지 한 달도 안 되어(1999년 12월 개통) 아직 차선조차 그려지지 않은 전장 164km의 청두-야안 간 신설 고속 도로를 이용해 하루 만에 다녀오기로 했다.

청두 평야의 나지막한 중생대 지층으로 된 구릉지 사이를 약 2시간 30분 동안 달린 끝에 진지관金鷄關 집표구에 도착하였다. 요금을 지불하고 울퉁불퉁하고 굴곡이 심한 좁은 험로를 달려 야안 시내의 동쪽 변두리를 가로질러 비펑샤로 향했다. 범람원이 발달되지 않은 좁고 깊은 칭이靑衣 강가로 40여 분 달린 끝에 완관萬貫 비펑샤 협곡에 도착하였다. 입산 수속을 마치자마자 계곡 바닥으로 내려가는 27층 높이의 승강기를 탔다.

비펑샤 협곡 전 구간은 중생대 쥐라기층으로 수평의 누층들이 비교적 잘 발달되어 있는데 주된 구성 암석은 적색사암, 이암, 천매암 등이다. 협곡은 큰 지진에 수반된 단층 열곡斷層裂谷으로 곡저에는 계류천이 잘 발달되어 있다. 그러나 아직까지도 마모도가 극히 낮은 각력角礫의 수준을 벗어나지 못한 상태이다. 뿐만 아니라 수많은 폭포와 급단(여울)들이 발달하였는데도 아직까지 폭담(폭포와 소)이 형성되지 않았으며 급단의 암석들도 수마 작용을 전혀 받지 않은 상태의 각력들인 것으로 보아, 충적세 후기의 단층 열곡으로 간주된다.

곡저로 내려가는 승강기의 건너편에는 연폭이 200m 이상 될 법한 천층암千層岩에서 낙하하는 폭포가 있는데 아래의 원지형에 변화를 주지 못한 것도 역시 앞서 말한 바와 같은 이유 때문일 것이다.

중국 도교의 성지 칭청 산(靑城山)

두장옌渡江堰에서 서쪽으로 10km 떨어진 칭청 산靑城山은 관셴 현灌縣의 남서쪽 모퉁이에 자리잡고 있다. 두장옌에 비하여 원시림이 울창하고 사계절 푸르며 사면을 군봉들이 에워싸고 있어, 그 모양새가 마치 푸른 성벽 같다고 하여 옛날부터 칭청靑城이라 불리어 왔다. 그 중에서도 민산설영岷山雪嶺은 촨시 평야川西平野

◎ 중국 도교의 성지 칭청 산(靑城山)으로 들어가는 관문인 상칭궁(上淸宮). 이 상칭궁에는 노자의 유일한 필적이라고 전해지는 '청성제일봉(靑城第一峰)' 이란 현판이 있다.

도교의 성지 칭청 산(靑城山)으로 올라가는 길목은 경사가 가파르기 때문에 들것의자를 이용해 관광객을 실어나르는 편의 제공업이 발달하였다. 호객하는 목소리로 인해 시끄럽지만 운임은 아주 싼 편이다.

를 조감할 수 있는 곳이다.

지역 내는 강수량이 많고 기후가 조습하여 구름과 안개가 많으며, 초목이 무성하여 산은 푸르고, 골짜기는 구불구불 깊고 맑다.

칭청 산은 천연의 요새지로서 이러한 지형적 이점을 이용하여 중국 도교의 성지

해발 1600m인 다펑딩(達峰頂) 아래의 암벽에 새겨진 '天下第五名山靑城第一峰(천하제오명산청성제일봉)' 이란 초대형 글자. 노자의 유일한 필적이라고 전해지는 상칭궁(上淸宮)의 현판 글자를 확대하여 음각한 것이다.

가 되었다. 중국 도교의 발상지 중 하나이며 수많은 도교 사원이 있었다. 전설에 의하면 도교의 창시자로 알려진 동한東漢(후한) 때의 고승 장 다오링張道陵이 산상에서 교리를 전파하였다고 한다.

칭청 산을 오르는 길에는 젠푸궁建福宮, 톈스둥天師洞, 싼다오스三島石, 즈비차오擲筆槽, 주스뎬祖師殿, 차오양둥朝陽洞, 상칭궁上淸宮 등의 사적들이 많이 있다. 특히 상칭궁에는 '청성제일봉靑城第一峰' 이라고 쓰인 현판이 있는데 이는 노자老子의 유일한 필적이라고 전해지고 있다.

하산할 때에는 쓰왕팅四望亭, 반산팅半山亭을 거쳐 배로 웨선 호月沈湖를 건너 출발점인 젠푸궁으로 되돌아왔다.

04 주자이거우 · 황룽에 발달한 석회화 단구

쓰촨 성의 성회 청두成都에서 북방으로 300여 km 떨어진 험준한 산악 지대에는 세계적인 비경이 발달해 있다. 쑹판 현松潘縣 황룽黃龍과 난핑 현南坪縣 주자이거우九寨溝의 석회화 단구가 그것이다.

석회암 지대에서는 보통 탄산칼슘을 다량 함유한 하천수가 흐르는데 이 때 하천수에 녹아 흐르던 탄산칼슘이 침전되어 계단상 논 모양의 지형을 만든다. 이 때 둑으로 된 부분이 제석(rimstone), 담수된 부분이 제석소(rimpool)이다. 그리고 이러한 논 모양의 지형이 둑의 높이를 달리하면서 계단상으로 연접하는 지형이 석회화 단구(travertine terrace)이다.

난핑 현의 주자이거우九寨溝는 민산 산맥岷山山脈 내에 40여 km에 걸쳐 발달해 있는 한 가닥의 심산 곡지로, 주변 원시림 속에 장족藏族의 산채 9개가 있어서 그와 같은 이름을 얻었다고 한다. 그러나 이 곳의 석회화 단구는 그 규모가 너무 커서 연구 대상으로는 무리가 따른다. 오히려 석회화 단구 연구의 세계적 모식지는 쑹판 현의 황룽 풍경구라고 할 수 있다.

쑹판에서 북상하여 위안바元壩에 이르러 오른쪽 계곡으로 들어서면 황룽 풍경구

황룽구쓰(黃龍古寺) 앞에 발달한 전형적인 석회화 단구 황룽야오츠(黃龍瑤池)로, 제석과 제석소 및 제석의 둑높이를 살필 수 있다.

가 전개되는데 이 곳에 황룽 초대소黃龍旅館가 있다. 이 계류를 따라 올라가면 놀라운 규모의 석회화 단구들이 연속적으로 나타난다.

쑹판 현을 중심으로 진사계지金沙溪地, 즉 황룽쓰黃龍寺 계곡 일대에는 고생계 후반인 데본계와 석탄계의 석회암과 중생계 초기의 삼첩계 석회암이 넓은 범위에 걸쳐 분포하고 있다. 뿐만 아니라 10여 좌에 이르는 높이 4,000m 내외의 산지는 만년설을 이고 있어 사철 계류천이 발달하고 풍부한 지하수 자원을 함양하고 있다.

따라서 석회암 지대의 일반적 특징인 고건수귀高乾水貴와 달리 황룽쓰 계곡은 건 · 우기의 교대에 따라 계류천의 유량 변화가 크며, 이는 석회화 단구의 형성에 매우 유리한 조건을 제공한다.

다시 말하면 우기에는 많은 쇄설물이 운반되어 적당한 장소에 퇴적되고, 건기가 되면 농도가 짙은 중탄산칼슘용액이 이들 쇄설물을 한데 묶는 응고제로서의 역할을 하게 되어 둑의 기반이 다져지게 된다.

황룽쓰 계곡의 석회화 단구는 계류를 따라 시선둥洗身洞, 잉셴차오迎仙橋, 쑤윈 황룽야오츠(黃龍瑤池)에 발달한 석회화 단구는 석회화 단구의 세계적 모식지이다. 제석을 넘는 물소리도 요란하지만, 호면에 반영된 아름다운 자연과 물 속에서 흐느적거리는 남(藍)·황(黃)·등(橙)·녹(綠)의 조류들은 탐방객들의 혼을 빼앗기에 충분하다.

차오宿雲橋가 있고, 위추이차이츠玉翠彩池에 이르러 중쓰中寺가 있다. 더 올라가면 잉웨차이츠映月彩池가 있는 황룽둥黃龍洞에 이르는데 이 곳에 바로 황룽구쓰黃龍古寺가 있다.

황룽구쓰와 룽왕먀오龍王廟 사이의 전형적 석회화 단구가 우차이츠五彩池이며 이들은 황룽야오츠黃龍瑤池, 스타전하이石塔鎭海 등의 이름을 가지고 있다.

원시림에 둘러쌓인 황룽야오츠黃龍瑤池는 주변 환경이 마치 동화의 세계로 들어간 듯 고산준령으로 둘러싸여 있다. 특히 그 중 10여 개의 높은 봉우리들은 연중 머리에 만년설을 이고 있다. 그리고 계곡물이 흐르는 하곡에는 신선들이 농사를 짓던 천신답天神畓인 듯, 원시의 밀림 속에 호박湖泊 100여 개가 눈 앞에 계단상으로 펼쳐져 있다.

이 곳 주민들은 이 제석소를 하이쯔海子라고 부르는데 그 규모는 수 m^2에 불과한 작은 것에서부터 수백 m^2에 이르는 큰 것까지 아주 다양하다. 그 중 가장 긴 것은 길이가 수 km에 이르러 창하이長海라는 이름이 붙어 있다.

아름다운 제석소들은 주변의 원시적 녹음과 설산 및 산마루에 걸쳐 있는 흰 뭉게구름을 티없이 맑은 거울과 같은 호수면에 반영하며 저마다 아름다운 경색을 자랑한다. 진정 신선의 세계에 들어와 있는 듯한 착각에 빠지게 한다.

특히 제석소 바닥에는 각기 다른 색깔과 모양의 담수 조류가 번성하고 있는데 이들은 눈부신 햇볕을 받으

일본의 아끼요시다이(秋吉台) 카르스트 지역의 동굴 아끼요시도(秋芳洞)에 발달한 석회화 단구. 일본 사람들은 접시를 천장 겹쳐 놓은 것 같다고 하여 센마이사라(千枚皿)라고 한다.

면 남藍, 황黃, 등橙, 녹綠 등의 다양한 색깔로 물 흐름을 따라 흐느적거린다. 이 광경 또한 이 곳을 찾는 이들의 혼을 뺏고도 남음이 있다.

한편 스타전하이石塔鎮海란 석회화 단구의 제석 위에는 하우치수비夏禹治水碑 2기가 세워져 있다. 서하의 통치 연대가 1032년~1227년인 점을 감안할 때 그 중간 시점으로부터도 870여 년의 세월이 흐른 지금, 제석의 성장으로 치수비의 비신은 묻혀 버리고 그 윗부분만 남아 있는 상태이다.

원래 비신의 높이가 1m 30cm였으므로 제석의 성장 속도는 무려 연간 1.5mm 정도라는 계산이 나온다. 이는 동굴 내 2차 생성물(speleothem)의 성장 속도가 100년당 평균 2mm 내외라는 것을 감안할 때 매우 놀랄 정도로 빠른 성장 속도이다.

일반적으로 석회화 단구는 동굴 내의 가장 보편적 퇴적물이다. 하지만 때로는 동구洞口 밖이나 석회암 지대의 계류를 따라 곡간에 생성되기도 하는데, 이 때 수류와 계곡의 자연 경사에 따라 제석소의 크기가 결정되며 수평면을 이룬 수많은 단상지를 만들어 낸다. 그 과정을 살펴보면 다음과 같다.

석회암 지대를 흐르는 하천이나 지하에서 용출되는 샘물, 때로는 석회암 동굴의 입구에서 유출되는 물은 다소 정도의 차이는 있겠지만 일반적으로 이온 상태의

$Ca(HCO_3)_2$, 즉 중탄산칼슘용액이다.

그런데 하천의 유량이 적은 건기에는 이 중탄산칼슘용액 상태에서 탄산가스인 CO_2는 비산되고, 순수한 물인 H_2O는 증발하며, 탄산칼슘인 $CaCO_3$만이 재침적된다. 제석은 이처럼 유량이 적은 건기에 첨가 증식(accretion)에 의해 만들어진다. 특히 동구 밖이나 계류천에 생성된 제석의 구성 물질은 매우 성긴 암설이나 나뭇가지와 낙엽 등으로 구성된다. 그 이유는 중탄산칼슘용액의 농도가 유량이 가장 적은 건기에 증가되기 때문이다.

이후 유량의 증감에 따라 쇄설물의 운반과 정체가 되풀이되면서 제석은 높이를 더해 가고, 제석소는 그 깊이를 더해 간다. 이러한 제석을 석회화 침전물이라고 하는데 이와 같은 과정의 반복을 통해 석회화 단구는 계속 성장하는 것이다.

환언하면 제석과 제석소를 만드는 데에는 하상의 경사도와 쇄설물의 적당한 공급 및 $CaCO_3$를 용존한 중탄산칼슘용액의 공급과 그 농도가 중요한 관건이다. 물론 조류藻類의 관여도 필수 조건이 된다.

05 충칭 어링 지협과 차오톈먼 부두

쓰촨 성 동쪽에 위치한 충칭重慶은 중앙 정부의 직할시로 3,000여 년의 유구한 역사를 지닌 문화 도시이다. 면적은 85,000여 km^2이고 인구는 약 3,090만 명이

충칭(重慶)역에서 기차를 타고내리는 사람들. 경쾌한 여성들의 옷차림과 표정이 밝기만 하다. 한때 대한민국 임시 정부가 있던 충칭은 양쯔 강을 끼고 있어 사계절 항해가 가능하며 도로나 기차, 비행기로 전국 어디든지 갈 수 있는 사통팔달의 요지이다.

다(2000년 11월 현재). 태평양 전쟁 말기에는 중국의 국민당 정부와 대한민국의 임시 정부가 자리잡고 있던 곳이어서 우리와도 친숙한 도시이다.

충칭은 자링 강嘉陵江과 양쯔 강揚子江의 합류점에 발달한 수륙 교통의 요지이며, 유세가 비슷한 두 하천의 침식으로 만들어진 자라목 같은 어링 지협鵝岭地峽이 특징이다. 지협의 동쪽 반도부는 난공불락의 천연 요새지로서 기원전 11세기에 파국巴國의 수도가 자리잡은 이래 오늘에 이르고 있다. 북송 때에는 궁저우恭州로 불렸고, 충칭重慶이란 이름으로만 800년을 내려왔다. 1939년엔 장제스가 이끄는 국민당 정부가 옮겨왔다. 특히 양쯔 강을 끼고 있어 사계절 항해가 가능할 뿐 아니라 철도나 도로를 이용해 전국 어디로든 갈 수 있는 사통팔달의 교통 요지라고 할 수 있다.

한편 충칭은 우한武漢, 난징南京과 더불어 중국의 3대 '화로 도시'(우리 나라에서는 통상 '찜통 도시'라고 함) 중의 하나이다. 최고 기록은 1933년의 섭씨 44

차오톈먼 부둣가에서 바라본 자링 강(嘉陵江) 건너편의 장베이 공원(江北公園). 오른쪽은 양쯔 강과 합류되어 유세가 2배 이상으로 늘어난다.

자링 강(嘉陵江) 수위 변화의 흔적이 보이는 강변과 수상 가옥. 강 건너 충칭 시의 화려한 도시 경관이 보인다.

도인데 우리가 체류한 1988년 8월 2일의 평균 기온은 섭씨 39도였다. 인간의 생리적 영점 온도인 체온보다도 높은 대기의 온도는 인간을 무기력하게 만들며 인간의 활동을 크게 제약한다. 강가에 가도, 정자에 올라가도, 지하의 다방으로 들어가도 더워서 정신을 차릴 수가 없으니 그야말로 세상 만사가 다 귀찮고 미칠 것만 같았다.

일단 우한武漢으로 가는 선표를 사기 위해 충칭항의 커윈잔客運站 외빈 접대실에서 간단한 수속 서류를 작성하고 부둣가의 매표소에 여권을 내밀었다. 그런데 여권을 본 매표원 아가씨가 기다렸다는 듯이 반색을 했다.

자신의 이름을 저우 낸린周念林이라고 밝힌 이 아가씨는 우리가 이 곳을 방문한 첫 난차오셴南朝鮮 손님이라고 축하한다며 30분이 멀다 하고 연거푸 커피를 가져왔다. 이 극진한 호의를 사양할 수 없어 주는 대로 받아 마셨다. 아무리 공짜 접대라지만 계속된 커피 공세를 견디기 어려워, 결국 요청할 때에만 달라고 간청하는 지경까지 되었다. 어쨌든 그 뜻이 고마워 마침 준비된 목욕타월 2장과

자링 강을 거슬러 올라가는 장위 3룬촨의 모습. 양쯔 강을 오르내리는 여객선들로 강상은 연중 계절 없이 대성황을 이룬다.

주방용 고무장갑 한 켤레를 선사하였다. 선물 꾸러미를 받아 들고 기뻐하는 모습이 참으로 순수해 보였다.

인민화폐 71위안(20달러)에 충칭발 우한으로 가는 장위 3룬촨江渝三輪船 선표를 사 놓고 편히 쉬고픈 생각에 충칭 호텔重慶飯店을 찾았다. 그러나 예상보다 너무 비싼 방값에 할 수 없이 선박船泊을 하기로 결심하고 부둣가로 돌아왔다.

오후 8시부터 승선이 허용되는 장위 3룬촨의 숙박권을 6위안(1.7달러)에 구입하고 마치 화로에 올라앉은 것 같은 숨막히는 찜통 더위를 이기려 부둣가 청년들과 잡담을 시작했다. 이들과 대화를 하면서 이들이 대한민국의 경제 발전 수준뿐만 아니라 정치에 무관심한 한국 사람보다도 우리 나라의 정치 현실을 너무도 잘 알고 있음에 놀라지 않을 수 없었다.

06 양쯔 강의 삼협 '싼샤'

여객선을 타고 양쯔 강 싼샤(三峽)로

충칭항에 정박한 3,000톤급 여객선 장위 3룬촨江渝三輪船은 하룻밤을 머물고 다음날 아침 예정대로 출항하였다. 항행을 시작한 지 아마도 네댓 시간은 경과된 것 같은데 눈앞에 모식적인 케스타 지형이 나타났다.

케스타cuesta란 구조 평야에 발달하는 지형이다. 단단한 암석과 무른 암석이 호층互層을 이뤄 완만하게 경사하고 있는 곳에서 무른 암석은 빨리 침식되어 저지가 되고, 단단한 암석 부분은 침식에 저항하여 구릉으로 남게 된다. 이 구릉이 비대칭적인 산등성이를 이루어 한쪽은 지층의 경사를 따라 완만한 사면이 되고 다른 쪽은 가파른 절벽이 된다.

이렇게 경연硬軟의 호층이 차별 침식으로 보기 좋게 곡지열과 구릉열로 발달한 세계적 규모의 케스타 지형은 이 곳 쓰촨 분지와 더불어 파리 분지, 런던 분지, 호주의 대찬정 분지 주변 등에서 볼 수 있다. 그 중에서도 가장 규모가 크고 모식적인 것이 쓰촨 분지 주변의 케스타 지형이다.

창서우(長壽)에서 시작하여 우장 강(烏江)의 합류점인 푸링(涪陵)에 이르는 쓰촨 분지 동쪽 변두리에 발달한 케스타 지형. 케스타는 에스파냐어로 '언덕'을 뜻한다.

지도를 펴고 살펴보니, 창서우長壽에서 시작하여 우장 강烏江의 합류점인 푸링涪陵까지의 사이에 케스타 지형이 모식적으로 잘 발달해 있었다. 나는 재빨리 케스타 지형을 필름에 담고 노트에 스케치하며 기록하느라 정신이 없었다.

충칭을 떠난 지 12시간이 지나 하류로 260km 정도 왔을 쯤에 배는 예정에 없던 완셴항萬縣港에 닻을 내렸다. 며칠 전 충칭 윤선공사重慶輪船公司의 촨윈川運 24호가 승객 250여 명을 태운 채 싼샤三峽에서 좌초하는 사건이 일어난 때문이었다. 신화사 통신의 보도에 따르면, 승객 가운데 130명이 구조되고 나머지 100여 명은 실종되었으나 그 중 10여 구의 시체만 인양되었다고 한다. 이 사건으로 당국의 방침에 따라 싼샤의 야간 운항이 일시 중단되어 완셴항에서 1박을 하게 된 것이다. 어쨌든 날이 밝은 뒤에야 양쯔 강의 삼협을 통과할 수 있다니, 나로서는 큰 행운을 잡은 셈이었다.

양쯔 강은 티베트 고원에 있는 탕구라 산맥唐古拉山脈의 주봉인 설산 거라단둥各

○ 충칭을 떠난 지 12시간이 지나 260km 하류의 완셴항(萬縣港)에 닻을 내렸다. 승객들의 안전을 위해 하룻밤 묶고 다음날 출발하게 되었다.

○ 장위3룬촨의 2등선실(8인 1실)에서 4박 4일간 한가족처럼 지낸 여행객들. 양쯔 강의 선실 여행은 즐겁기 그지없다.

拉丹東(6,621m)의 남서쪽에서 발원하여 칭하이青海, 시짱西藏, 쓰촨四川, 윈난雲南, 후베이湖北, 후난湖南, 장시江西, 안후이安徽, 장쑤江蘇, 상하이上海 등 10개 성 시와 자치구를 통과한다. 이 과정에서 700여 줄기의 크고 작은 지류를 합치며 호호탕탕 6,380km를 흘러 황해로 유입되는 중국 제1의 하천일 뿐만 아니라 세계 3대 하천 가운데 하나이다.

또 유역 면적은 물경 180여만 km^2로 13억 중국 인민을 부양하는 젖줄인 동시에 수상 교통면에 있어서도 중요한 지위를 차지하고 있어 국토의 대동맥으로서 그 기능과 역할이 막강하다. 특히 삼협(싼샤) 종단부에 건설된 거저우바葛州壩 댐의 완공으로 가항 톤수는 지난날 500톤급에서 3000톤급 내지 10,000톤급으로까지 격상되었다.

오늘날에는 양쯔 강 연안 공업 벨트가 조성됨으로써 중국의 현대화에도 크게 이바지하고 있다. 주변 지역에는 임산 자원을 비롯한 각종 지하 자원과 수자원 및 수산 자원이 풍부할뿐더러 인력 자원도 많아 연안 공업 지대의 발전을 뒷받침하고 있다.

삼협의 성인에 대한 지형학적 고찰

우리가 일반적으로 양쯔 강의 삼협이라 일컫는 '싼샤三峡'는 양쯔 강이 흐르는 중류 지역에 발달한 3대 협곡을 가리킨다. 싼샤에는 상류 쪽으로부터 취탕샤瞿塘峡, 우산샤巫山峡, 시링샤西陵峡란 이름이 붙어 있다.

양쯔 강은 서에서 동쪽으로 흐르기 때문에 싼샤는 서쪽의 펑제奉節에서 시작하여 동쪽으로 이어져 이창宜昌의 난진관南津關에까지 이른다. 이로써 전장 193km의 협곡은 끝나고 이내 중 · 하류 지역의 평원이 펼쳐진다.

중생대 쥐라기에 촨뎬川滇 분지는 쿤밍昆明, 시창西昌, 구이양貴陽, 청두成都, 충칭重慶 등을 연결하는 원내의 70여만 km^2의 넓이로 존재했었다. 높은 산지와 고원으로 둘러싸인 촨뎬 분지는 호분에 담수가 이루어져 내륙호가 되었다. 그리고

◎ 충칭 윤선공사에서 작성한 충칭-상하이 간 양쯔 강 항운 전정도(航運全程圖). 이빈(宜賓)에서 상하이까지 잘 나타나 있다. 둥팅 호와 포양 호, 양쯔 강 하구의 총밍다오(崇明島) 등의 크기가 확연히 보인다.

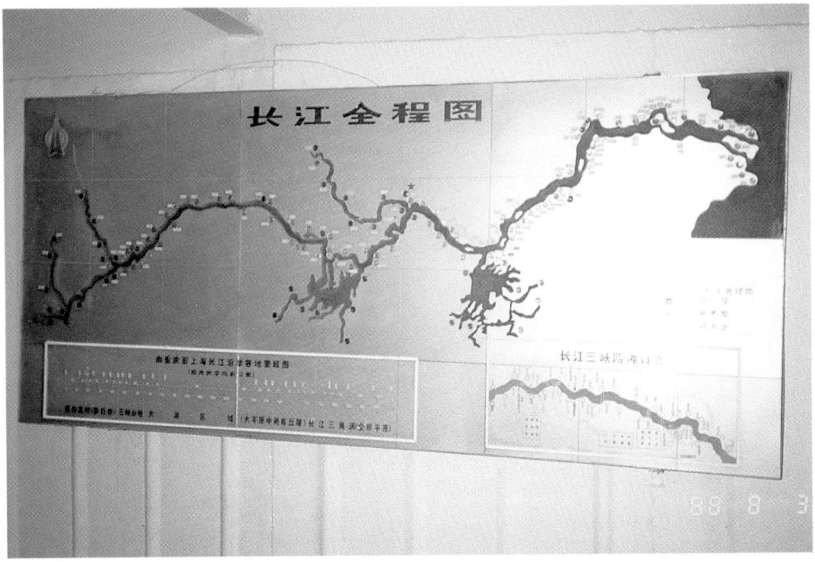

쥐라기의 두터운 호성층, 즉 육성층의 퇴적과 더불어 호안이나 구릉지 주변은 중생대 거형 동물의 낙원을 이루었다. 이 거대한 호수와 호변의 밀림은 수륙 양면에서 훌륭한 먹이의 공급원이 되었고, 온화한 기후 조건 또한 이들 거형 동물의 생활에 더없이 적합했던 것이다. 다산푸 공룡 박물관 내의 공룡군굴이 거대한 규화목 화석과 함께 발굴되고 있음은 이와 같은 사실을 뒷받침해 주는 좋은 증거이다.

촨뎬 분지는 바로 쓰촨 분지의 원형이다. 이 거대한 호분에 담긴 물이 만수를 이루기까지는 상당한 지질학적 시간이 소요되었다. 이후 만수가 된 물은 넘쳐흘러 호분의 동쪽을 가로막고 있던 다바 산맥大巴山脈의 낮은 부위를 개석하기 시작하였다. 시간의 경과에 따라 배출구는 확대되고 유량도 증가되었다. 이와 더불어 강력한 하방 침식下方侵蝕이 일어나 다바 산맥의 허리를 계속해서 자르며 오늘날의 양쯔 강 싼샤를 만들어 냈다.

말하자면 양쯔 강은 처음의 물길이 변경되지 않고 그대로 흐른 일종의 선행성 하천(antecedent river)이다. 이러한 선행성이 쓰촨 성과 후베이 성의 경계를 이

취탕샤 입구의 쿠이먼관(夔門關), 강 남안의 바이옌 산, 츠자 산 아래의 깎아지른 듯한 강안 절벽이 마치 관문과 같다고 하여 붙여진 이름이다. 취탕샤는 삼협 중 가장 짧은 33km이다.

루며 남북 주향으로 달리는 다바 산맥을 직각으로 잘라 싼샤(삼협)를 만들어 낸 것이다.

① 취탕샤(瞿塘峡)

취탕샤는 양쯔 강의 삼협 중 가장 짧으며 항로상에 위험한 곳이 많기로 유명하다. 서쪽은 펑제 현奉節縣의 바이디청白帝城에서 시작되어 동쪽은 우산 현巫山縣의 다닝 강大寧河 하구까지 33km의 구간에 걸쳐 있다.

양안에는 고산준령이 용립하고 강안 절벽은 수백 길에 이른다. 강폭은 보통 100m 내외이지만 가장 좁은 곳은 50m로 물살이 무척 세고 수심은 깊으며 세차게 흐르는 물소리가 사람의 간담을 서늘하게 한다.

취탕샤 주변의 경승지로서는 바전투八陣圖, 쿠이먼夔門, 멍량티孟良梯, 바이디청白帝城, 펑샹샤風箱峡, 춰카이샤錯開峡, 다이시黛溪 등이 있는데 이 중 몇 가지를 소개하면 다음과 같다.

• **바전투(八陣圖)** 펑제奉節를 떠나면 바로 바전투에 이르는데 이 바전투는 펑제청奉節城 동쪽 약 1km 지점의 메이시 강梅溪河 합류점에 발달한 1km 길이의 강안 사주이다. 기원전 212년 촉국의 승상 제갈 량과 장비가 이끄는 병사들이 바이디청白帝城에서 유비의 유조를 받들어 펑제로 진군할 때 이 곳에서 진법에 대한 연습을 한 데서 이름의 유래를 찾을 수 있다.

• **쿠이먼(夔門)** 취탕샤에 들어서면 바로 나타나는 것이 쿠이먼관夔門關으로 취탕샤 입구에 해당한다. 강 남안의 바이옌 산白鹽山, 북안의 츠자 산赤甲山의 깎아지른 듯한 절벽 사이가 문과 같은 모양새이다. 이것이 바로 싼샤의 문호 쿠이먼이며 일명 취탕관瞿塘關으로 불리는데 마치 하늘을 떠받치고 있는 기둥과 같은 형태로 이 사이를 거칠게 흐르는 물소리는 사자의 울부짖음과 같이 맹렬하다.

• **멍량티(孟良梯)** 싼샤의 문호 쿠이먼의 좁은 입구를 들어서면 바로 우안 절벽상에 있는 30여 개의 동공을 볼 수 있는데 이것이 바로 수많은 전설과 고사가 전해지는 전설의 멍량티孟良梯이다. 절벽에 구멍을 뚫고 통나무를 가로질러 연결

○ 쿠이먼(夔門)을 지나면 강 남안 절벽에 30여 개의 구멍을 뚫어 놓은 것이 보이는데 이것이 바로 전설의 멍량티(孟良梯)이다. 이는 지역 간의 교류를 가로막는 자연에 굴복하지 않고 통로를 개척하려 했던 흔적으로, 고대 중국인들의 기백과 지혜를 엿볼 수 있다.

우산샤(巫山峽)는 우산청(巫山城)에서 바둥(巴東)에 이르는 40km의 구간으로 강 양안에는 우산 12봉이 하늘을 찌를 듯하다. 강폭은 좁고 급류를 이루며, 노도(怒濤) 같은 물소리는 사람들의 간담을 서늘하게 한다.

하고 그 위에 널빤지를 깔아 통로를 개척하려 했던 흔적이다. 이는 고대 중국인들이 지역 사이를 가로막는 자연 장애에 굴하지 않고 이를 극복하려 했음을 보여 주는 좋은 증거로 자연 정복을 위한 그들의 위대한 기백과 지혜를 엿볼 수 있게 해 준다.

② 우산샤(巫山峽)

쓰촨 성의 우산청巫山城 동쪽 다닝허커우大寧河口에서 후베이 성의 바둥巴東 관두커우官渡口에 이르는 전장 40km 협곡 구간으로, 흔히 삼협 중의 대협으로 일컬어지고 있다. 양안에 우뚝 선 우산 12봉과 깎아지른 듯한 절벽 사이를 구비치는 아슬아슬한 항로를 가다 보면, 강안 양편에 진쿠이인자샤金盔銀甲峽, 칭스둥青石洞, 선뉘펑神女峰, 쿵밍베이孔明碑, 페이스培石, 관두커우官渡口 등 사적과 경승지들이 보는 이들의 눈길을 휘어잡는다.

• **쿵밍베이(孔明碑)** 우샤(우산샤)에 있어서 역사적 고적이다. 지셴펑集仙峰 아래 칼로 자른 듯한 절벽 위의 오목지에 비석 모양을 한 백색의 석회암괴가 자리잡고 있는데 삼국 시대의 정치가이며 지략가인 제갈 량諸葛亮(자는 공명孔明)이 우샤를 가리켜 '바위가 겹겹으로 병풍처럼 둘러친 우산샤'라고 했다는 전설에서 이 암괴에 쿵밍베이(공명비)란 이름이 붙었다고 한다. 한편 이 암괴의 표면에는 '重岩疊嶂巫峽 名峰聳秀 巫山十二峰'이란 글이 크게 음각되어 있는데, 그 중 '重岩疊嶂巫峽', 즉 묏부리가 겹겹이 쌓인 우샤라는 글은 명나라 가정 연간에 새겨진 것으로 고증된 바 있다.

• **선뉘펑(神女峰)** 양쯔 강 좌안에 있는 돌기둥 이름으로, 전설 속의 아름다운 신녀 이야기가 전해진다. 1,100년 전 왕모 낭낭娘娘의 어린 딸 요희瑤姬는 총명하고도 아름다웠는데 수환이 끊이지 않던 이 지방에 삼협을 뚫어 물길을 열고 온갖 장애를 제거하였기 때문에 훗날 도항導航의 여신으로 추앙받았다고 한다. 이 요희의 화신은 이 돌기둥이 되어 항로를 지켜 주고 있다고 한다.

• **우산 12봉(巫山十二峰)** 양쯔 강 좌안의 덩룽펑登龍峰, 성취안펑聖泉峰, 차오윈펑

朝雲峰, 선뉘펑神女峰, 쑹롼펑松巒峰, 지셴펑集仙峰 과 우안의 징탄펑淨壇峰, 페이펑펑飛鳳峰, 치윈펑起雲峰, 상성펑上升峰, 취빙펑翠屛峰, 쥐허펑聚鶴峰 등 12봉은 우샤 양안에 병풍을 둘러친 것처럼 늘어서 있다. 또한 이들 봉우리는 제각기 아름다운 전설과 고사를 지니고 있어 유람객을 비롯한 모든 여행자들에게 크나큰 사랑을 받고 있다.

여울과 급류가 많은 시링샤(西陵峽)는 삼협 중 가장 긴 74km의 구간이다. 유로를 따라 쯔구이(秭歸), 빙수바오젠샤(兵書寶劍峽), 뉴간마페이샤(牛肝馬肺峽), 쿵링샤(崆嶺峽), 덩잉샤(燈影峽) 등의 이름을 가진 협곡들이 기다리고 있다.

③ 시링샤(西陵峽)

시링샤는 허베이 성河北省 쯔구이秭歸의 샹시香溪로부터 이창宜昌의 난진관南津關에 이르는 74km의 구간으로, 삼협 중 가장 길며 여울과 급한 물살로서 유명하다. 여기에는 빙수바오젠샤兵書寶劍峽, 뉴간마페이샤牛肝馬肺峽, 쿵링샤崆嶺峽, 덩잉샤燈影峽 등의 이름을 가진 여러 개의 협곡이 있다. 또 칭탄青灘, 셰탄泄灘, 쿵링탄崆嶺灘 등이 있고, 연안에는 하안 단구가 발달해 있다.

우리를 태운 윤선은 쓰촨 성의 우산샤를 지나 후베이 성의 관문 바둥巴東항에 입항하여 승객과 화물을 하역한 다음, 다시 흙탕물인 급류를 미끄러지듯 물살을 가르며 하류 쪽으로 항진해 갔다.

1시간 뒤 쯔구이秭歸를 지나고 있는데 우리 객실의 좌장격인 할아버지께서 시인 취 위안屈原에 대한 이야기를 들려 주었다.

중국 전국 시대의 위대한 사상가요 정치가인 동시에 애국자인 취 위안의 고향이 바로 쯔구이이다. 그는 초나라의 관거좌도官居左徒 삼려대부三閭大夫란 높은 벼슬자리에서 모함을 받아 이 곳으로 귀양살이를 오게 되었다. 이 때 그의 현명하고 지혜로운 누나가 그의 뒷바라지를 위해 이 곳으로 달려온 것에서 연유하여 '누나가 왔다'는 뜻의 '쯔구이秭歸'가 되었다고 한다. 이 곳에는 취 위안을 기리는 사당도 건립되어 있다고 한다.

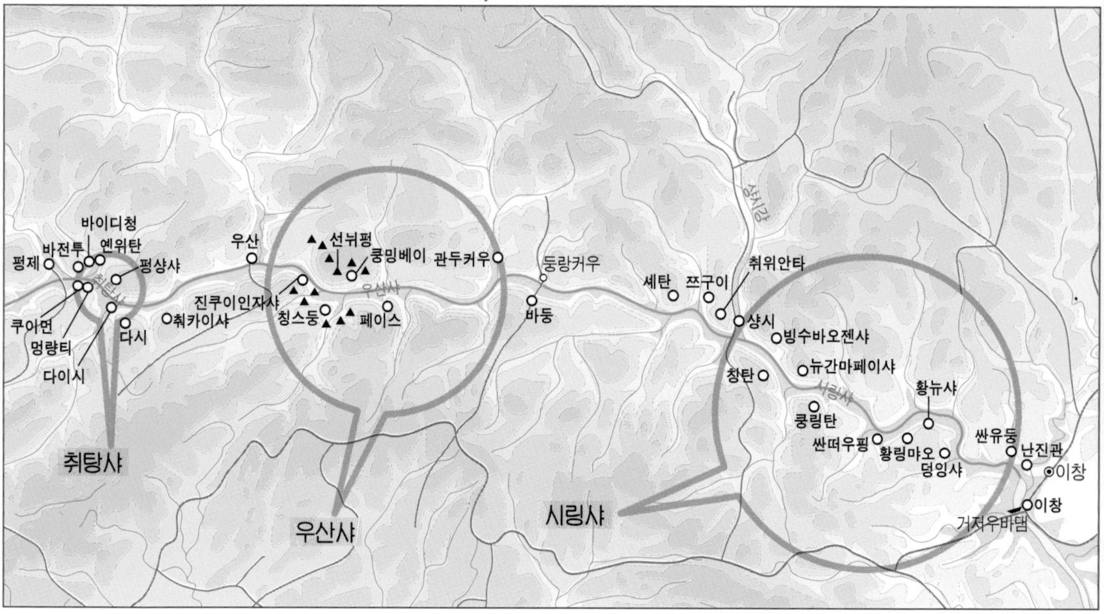

양쯔 강 싼샤의 볼거리들

여기서부터 싼떠우핑三斗坪, 황링먀오黃陵廟, 황뉴샤黃牛峽, 하마베이蛤蟆碚, 싼유둥三游洞, 난진관南津關에 이르는 넓은 지역 내에는 볼거리와 사적들이 많다.

• **샹시(香溪)** 시링샤 입구에서 양쯔 강으로 유입되는 한 가닥의 지류인데 샹시 상류부에 밍페이 촌明妃村이라는 마을이 있다. 이 마을은 한조 때의 후궁 왕 자오쥔王昭君의 고향이다. 왕 자오쥔은 자원해서 흉노의 왕에게 시집을 가 한조와 북방의 흉노 사이의 친목을 도모하는 역할을 했다고 전하며, 자오쥔 추싸이昭君出塞란 고사를 남기기도 했다.

• **황링먀오(黃陵廟)** 시링샤 내의 중요한 명승 고적이며 양쯔 강 우안에 발달한 분지상에 자리잡고 있다. 이 묘는 춘추 전국 시대에 건설되었고, 삼국 시대에 제갈 량에 의해 중건되었다. 현존하는 황링 묘의 위왕뎬禹王殿은 명대의 만력 46년인 1618년에 건축된 것으로, 묘 내에는 다위大禹의 소상과 비각이 있으며 묘전의 건물은 아름답기로 유명하다.

• **난진관(南津關)** 시링샤의 출구로서 병목을 지나면 양쯔 강 · 중하류 평원으로

나오게 된다. 망망한 평야의 지평선과 양쯔 강의 수평선이 잘 어우러져 여행자의 마음을 기름지게 한다. 난진관의 싼유둥三游洞은 석회암 동굴이며 동굴의 깊이는 30m, 넓이는 23m, 높이는 9m에 이른다. 동굴 내 3기의 석주를 비롯하여 동굴 안팎 40여 곳에 시가와 산문이 음각되어 있다.

난진관(南津關)은 시링샤의 출구인 동시에 삼협이 끝나는 병목에 해당하는 곳이다. 양쯔 강은 다바 산맥(大巴山脈)의 허리를 잘라 장장 193km의 선행성 하곡 '싼샤'를 만들어 냈다.

07 거저우바 댐의 건설과 내륙 수운

시링샤 입구인 난진관南津關에서 하류 쪽으로 3km 거리의 후베이 성湖北省 이창 시宜昌市 관내에서 강폭은 갑자기 2,200m로 넓어지고 유속은 느려져, 양쯔 강의 운반 물질이 급속하게 퇴적하기 시작한다. 물줄기는 세 가닥으로 나뉘어지며 2개의 하중도를 만들었는데 동쪽의 큰 섬이 거저우바葛洲壩이고 서쪽의 작은 섬은 시바西壩이다.

이들 섬을 중심으로 선갑船閘과 설수갑泄水閘, 충사갑冲沙閘을 만들고 댐을 건설하였다. 1970년 기공 이래 양쯔 강의 물줄기를 한 곳씩 막아 가며 거저우바 댐을 건설하였는데 댐의 총길이는 2,561m이고 둑의 높이는 71m, 그 넓이는 30m이다. 총 저수량은 15억 8천만 m^3로 수위가 20m 상승되었다. 선갑은 거저우바 동쪽에 2개, 시바 서쪽에 1개 등 3개를 만들었으며 그 중 주된 선갑은 2호 선갑이다.

거저우바 댐의 발전소는 좌우 두 곳의 하상식河床式 발전소로 구성되어 있는데 총 발전 가능 시설 용량은 271만 5천 kWh이다. 이 발전량은 1949년 전국 총 전력 생산량의 3배가 넘는 엄청난 규모이다. 동쪽의 큰 강 발전소는 14대의 발전

바둥(巴東)은 다바 산맥(大巴山脈)의 동쪽이며 후베이 성(湖北省)으로 들어가는 문호로서 후베이 성 최서단의 현급 도시이다.

3000톤급 윤선 장위 3호가 도크로 들어가면 갑문을 닫고 수위를 낮추기 시작한다.

◎ 선거(船渠)의 수위는 20m 이상 낮아졌고, 도크 안의 배들은 다시 수문이 열려 항진을 계속할 준비를 하고 있다.

기를 가지고 175만 kWh를 생산해 내고 있고, 작은 강의 발전소는 7대의 발전기로 96만 5천 kWh의 전력을 생산해 낸다. 이 중 2대의 발전기는 각기 17만 kWh의 수륜식 발전기이다.

뿐만 아니라 가항 선박의 톤수도 종전의 500톤급 윤선에서 점진적으로 증가되었는데 1981년 2호 선갑이 완공됨으로써 1만 톤급 윤선의 통항도 가능하게 되어 양쯔 강 수운에 일대 혁신을 가져왔다.

2호 선갑은 길이 280m에 넓이 34m로 명실공히 세계 최대의 갑문이며 문은 좌우 두 개의 날개로 이루어지는데 한쪽 날개의 크기가 농구장의 넓이보다도 크고 두 날개로 된 문짝의 무게는 1,184톤에 이른다.

이 갑문식 도크에 3,000톤급 2척과 500톤급 2척이 동시에 수용되든지 10,000톤급 선박 1척이 수용되든지 간에, 갑문을 닫고 20여 m 아래로 내려오는 데에는 족히 20여 분의 시간이 걸렸던 것으로 기억된다. 댐 아래의 이창宜昌항에는 수많은 배들이 모여 화물의 선적과 하역 작업을 하느라 성황을 이루고 있었는데 하항으로서는 아주 대단한 규모라고 할 수 있다.

1970년 12월에 기공하여 모든 공정이 마무리된 것은 1987년이다. 댐의 완공으로 이창 시는 양쯔 강 항운의 중계항으로서뿐 아니라 새로운 전력 공업 도시로 탈바꿈하여 삼협의 문호인 동시에 쓰촨 성과 후베이 성을 연결하는 연결고리, 즉 '촨어인후川鄂咽喉' 로서도 면목을 일신하게 되었다.

수문이 열리고 여러 척의 크고 작은 윤선들이 서서히 움직여 선거를 빠져나가기 시작했다.

○ 거저우바 수력 발전소의 위용. 큰 강 쪽에서는 14기의 발전기로 175만 kWh, 작은 강 쪽에서는 7기의 발전기로 96만 5천 kWh의 전력을 생산한다.

우한(武漢)의 철강 공업과 기타 관련 공업

장위 3룬촨에서의 4박 4일이 지난 8월 5일 저녁 6시에 우한 시의 웨한粵漢 부두에 입항하였다. 이 부근은 강폭이 4km 이상으로 1만 톤급 이상의 선박들이 강안, 강상 여기 저기에 정박하고 있었다.

정든 친구들과 작별의 인사를 나누고 택시 편으로 외국인 전용 호텔로 향하였다. 얼마 후 칭촨 가晴川街의 양쯔 강가에 자리잡은 칭촨 호텔에 도착하여 전망 좋은 고층 객실에 투숙하였다.

우한武漢은 양쯔 강과 한수이 강漢水의 합류점에 발달한 도시로 후베이 성의 성회이다. 특히 우한은 양쯔 강 동안의 우창武昌과 한수이 강 북안의 한커우漢口 그리고 한수이 강 남안의 한양漢陽 등 예부터 '우한 삼진武漢三鎭'으로 불려 온 세 도시의 연합체이다. 1949년 삼진 합병 당시의 인구는 349만 명이었다.

우한 시 칭촨 가(晴川街)의 양쯔 강가에 자리 잡은 칭촨거(晴川閣)는 명대의 한양태수(漢陽太守) 판 쯔전에 의해 창건된 양쯔 강안의 경승지이다. 우리가 방문했을 때에는 용문 도자기전이 열리고 있었다.

○ 장위 3룬찬에서 우창(武昌)의 제팡로(解放路) 쪽을 바라보고 촬영한 양쯔 강 우안의 모습. 충칭에서 상하이로 이어지는 전체 길이 6,300여 km인 중국 남부의 황금 수로 양쯔 강과 한수이 강(漢水)이 만나는 곳에 위치한 우한은 유엔이 지정한 세계 40여 개의 '지속 가능한 도시' 가운데 하나이다.

수많은 하적호와 잔구로 이루어진 아름다운 역사 도시 우한은 기원전 12세기경부터 취락이 입지하여 연면히 발전을 거듭해 왔다. 현재 6개의 성구(江岸, 江漢, 橋口, 漢陽, 武昌, 靑山)와 3개의 교구(洪山, 東西湖, 漢南) 및 4개의 교현(武昌, 漢陽, 黃陂, 新洲)으로 행정 관할되는데 시의 총 면적은 8,216km²이고 인구는 600여만 명에 이른다.

우한은 7월 평균 기온이 섭씨 37.2도로 중국의 3대 찜통 도시 중 가장 무더운 도시이다. 또한 철강, 기계, 조선, 화학, 석유 화학, 방적, 식품 등의 공업이 발달한 중국 굴지의 공업 도시이며 안산鞍山, 바오터우包頭에 이은 중국 3대 철강 콤비나트의 하나로 우한 철강 공사가 위치하고 있다.

우한의 양쯔 강 대교는 1957년 10월에 완공된 양쯔 강 최초의 대교이며, 길이 1,670m의 2층 교량이다. 교량의 아래층은 철도 전용이고 윗층은 차도와 보도로 이용되고 있었다.

도시의 중심지는 한커우漢口를 중심으로 발달했는데 시인민정부도 웨한 부두粵

漢埠頭부근에 자리잡고 있다. 한양漢陽은 한양 대로와 잉우鸚鵡 대로의 네 거리를 중심으로 부심지로 성장하였다. 우창武昌에는 제팡 로解放路와 민주 로民主路를 중심으로 신시가지와 각종 고등 교육 기관이 입지하였고, 둥호東湖 풍경구 지역에는 새로운 관광 위락 시설들이 자리잡았다.

티없이 밝은 한족(漢族) 아저씨는 4박 4일 동안 선실 없는 복도에서 기거하며 양쯔 강의 선유를 즐기고 있었다. 어느 민족이냐고 물어 보니 활짝 웃으며 '자랑스러운 한족'이라고 대답하는 모습에서 광란의 문화 혁명을 극복해 낸 특유의 느긋함을 엿볼 수 있었다.

한편 중국에는 안번 철강 기지(안산鞍山과 번시本溪를 합친 중국 최대 철강 기지), 징진탕 철강 기지(수도와 수도의 관문인 톈진 및 탕산 기지), 상하이 철강 기지(상하이 바오산寶山과 웨푸月浦 기지), 우한 철강 기지, 판즈화攀枝花 철강 기지(쓰촨성의 판즈화 두커우渡口 기지), 타이위안泰原 철강 기지(스잉산適應山 서쪽의 국방 산업용 철강 기지), 바오터우包頭 철강 기지(철광석 석탄이 결합된 내몽고 바오터우 기지), 충칭重慶 철강 기지(충칭을 중심으로 한 내륙 철강 기지), 마안산馬鞍山 철강 기지(해방 후 노후 철강 기지를 재건한 강남 기지) 등의 9대 철강 기지가 있지만 그 중 우한의 입지 조건이 가장 좋아 빠른 신장세를 나타내고 있다.
다시 말해 우한은 경광철도京廣鐵道와 양쯔 강의 수운이 결합된 수륙 교통의 요지에 자리잡고 있을 뿐만 아니라 담수원이 풍부하며 다예大冶의 고품위 철광석과 황스黃石의 역청탄을 결합한 우수한 입지 조건으로 최근 철강 공업의 중심적 지위로 부상하였다. 우한의 철강 공업이 자리잡고 있는 곳은 북쪽의 린장 대로臨江大路와 허핑 대로和平大路 사이이다.

08 [리포트] 사라져 가는 둥팅 호와 포양 호

백 년 안에 사라질 둥팅 호(洞庭湖)

윤선 장위 3호는 조용한 강물 위를 힘차게 미끄러져 내려갔다. 수평선과 지평선은 아스라한 저 멀리서 만나고 있었고, 배는 양쯔 강 중하류 평원인 장한 평원江漢平原을 향해 하염없이 아래로 아래로 내달았다. 750,000분의 1 지도를 펼쳐 보니 시야에는 들어오지 않지만 강물은 장링江陵과 사스 시沙市를 지나면서 수없이 유로를 변경했음을 알 수 있었다. 배 안에서 우리는 구하도상에 남은 무수한 하적호와 소택지를 보는 기쁨도 맛보았다. 다시 스서우石首와 옌리鹽利를 거쳐 둥팅 호반의 웨양 시岳陽市에 이르렀다.

둥팅 호洞庭湖는 구조적 승강 운동의 일환인 곡강 운동과 신생대 제4기의 옌산燕山 운동으로 오늘날의 둥팅 호와 그 주변의 광대한 장한 평원 일대가 함몰하여 생긴 일종의 구조호이다. 호분에 물이 고여 호수를 이룬 초기의 둥팅 호는 오늘날의 창더昌德, 진스津市, 사스沙市, 옌리鹽利, 웨양岳陽, 이양益陽 시를 연결하는 광대한 호안을 가지고 있었지만, 양쯔 강이 운반하는 토사의 양이 많아 원래의

둥팅 호의 변천 과정

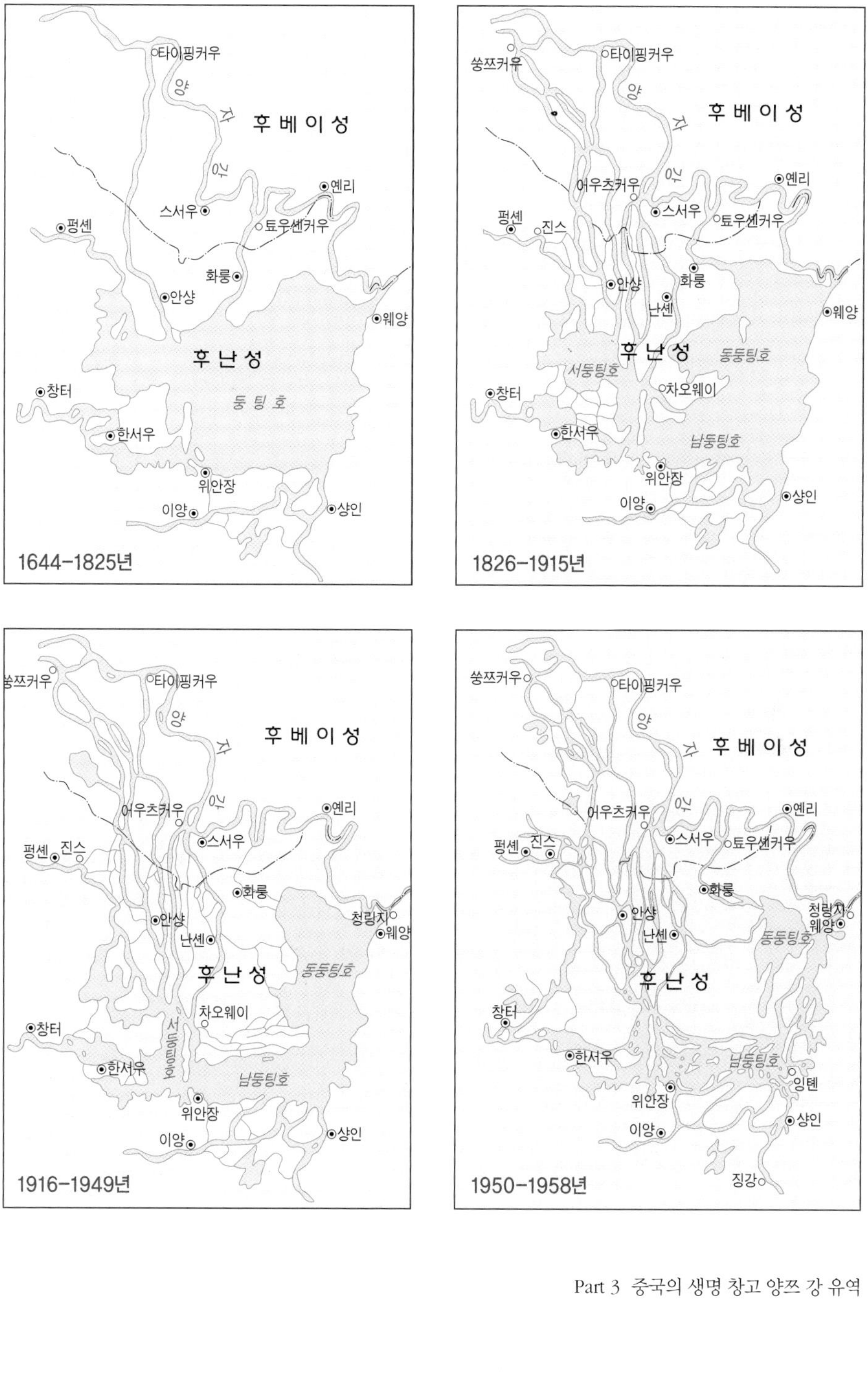
타이핑커우
양
쯔
강
후베이성
옌리
스서우
펑셴
퉈우셴커우
화룽
안샹
웨양
후난성
둥팅호
창터
한서우
위안장
이양
샹인
1644-1825년
쑹쯔커우
어우츠커우
진스
난셴
서둥팅호
동둥팅호
차오웨이
남둥팅호
1826-1915년
청링지
1916-1949년
잉톈
징강
1950-1958년

둥팅 호는 신속하게 축소되어 오늘에 이르렀다.

특히 사스 시를 정점으로 왼쪽의 창더 시와 웨양 시를 연결하는 삼각지는 양쯔 강의 운반 물질로 만들어진 둥팅 호의 삼각주 평야인데 이는 둥팅 호가 빠르게 매적되고 있다는 증거이다. 이 삼각주 평원 내에 산재한 하적호의 수는 만여 개를 헤아리고도 남을 듯하다.

현재 호수의 면적은 2,740km²인데 청 초인 17세기 중엽의 기록에는 6,200km²로 얼마나 빨리 둥팅 호의 일생이 마무리되고 있는가를 실감할 수 있다. 둥팅 호는 현재 둥둥팅東洞庭, 시둥팅西洞庭, 난둥팅南洞庭 등 세 부분으로 나뉜다.

1990년 류 화쉰劉華訓은 그의 저서 '중국명호지전中國名湖志典'에서, 둥팅 호는 서기 2050년경이면 호소로서의 일생을 마치고 사멸하여 호성 평야가 될 것으로 추리하였다. '중국자연지리도집' 132쪽에 기재된 둥팅 호의 변천사에도 같은 내용이 도시되어 있다.

포양 호와 호분 평야의 생성

둥팅 호가 양쯔 강 중류에 발달한 곡강 분지에 담수된 구조호이듯, 포양 호鄱陽湖 또한 양쯔 강의 중하류부의 결절점에 발달한 곡강 분지에 담수된 일종의 구조호이다. 즉 홍적세 말의 지반 운동으로 오늘날의 더안德安, 난창南昌, 진셴進賢, 위간余干, 러핑樂平, 두창都昌, 후커우湖口에 이르는 광대한 지역이 호분화된 것이다. 후빙기 해면의 상승과 더불어 후커우에서는 양쯔 강물이 유입되었다.

한편 포양 호로 유입되는 최대의 하천인 간장 강贛江은 하구에 토사를 퇴적하여 오늘날까지 거대한 삼각주를 형성하였는데 이 삼각주의 정점에 발달한 도시가 난창南昌이다. 포양 호에는 1,554km²의 면적을 가진 간장 강贛江의 삼각주 외에도 슈장 강修江의 295km²와 신장 강信江의 549km² 및 포장 강鄱江의 503km²에 달하는 조족상鳥足狀 삼각주가 발달되어 있다. 그 밖에도 수많은 하천들이 포양 호로 유입되면서 거대한 호성 평야를 만들어 갔다.

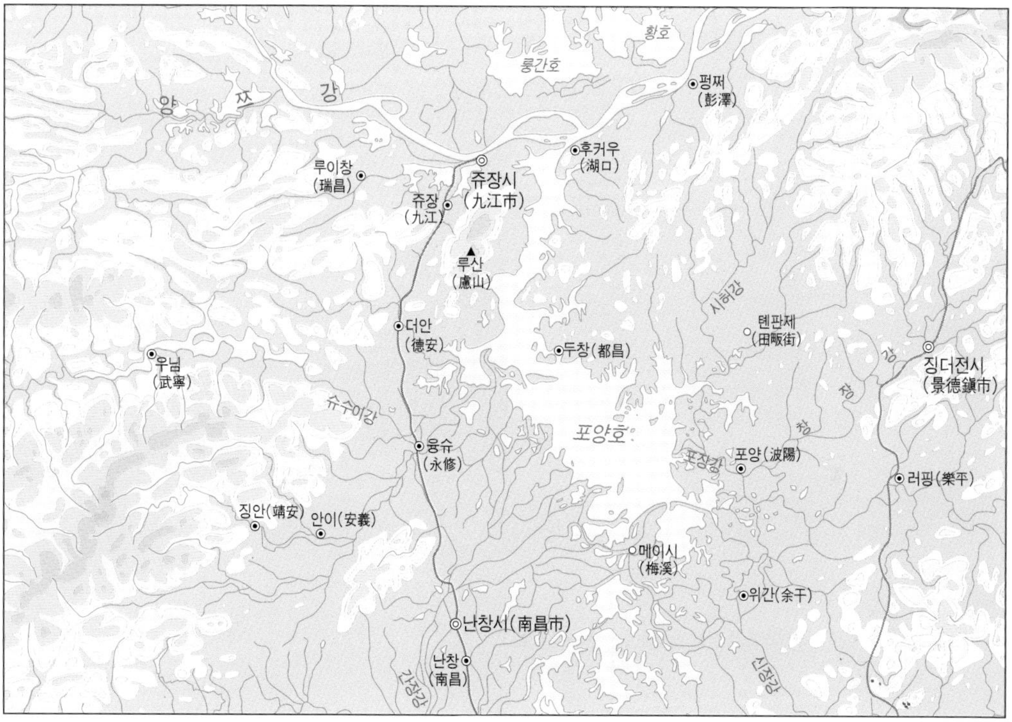

오늘날에도 우기에는 호수의 면적이 최대 3,914km²가 되며 수위는 22m에 이르는데 갈수기에는 수위 13m에 1,000km²로 축소된다. 이와 같은 포양 호면의 증감은 탁월한 홍수 조절 기능을 가지고 있어 매우 효과적인 영농이 가능하다고 한다. 그런데 후커우湖口의 병목은 그 넓이가 불과 4~7km로 수위 변화에 큰 영향을 받지않는 편이다.

호소의 일생은 흔히 인간의 일생에 비유된다. 배태기에는 호분湖盆이 형성되고, 유년기까지에는 호분이라는 그릇에 물이 가득차게 되며, 장년기에는 호성 평야와 호붕湖棚이 형성된다. 노년기에 이르면 호붕은 서로 연속되어 수심이 얕아지며, 사멸기에는 수심이 더욱 얕아져 수초가 전 호수를 뒤덮고 군데군데 흙무덤이 생긴다. 결과적으로 호성 평야가 되어 호소의 일생을 마무리하게 된다.

⬆ 포양 호로 유입되는 하천들은 하구마다 삼각주를 만들어 충적 평야를 확대함으로써 포양 호의 면적을 점점 줄여 가고 있다.

09 용트림의 현장 상하이 푸둥 공업 지대

중국 최대의 도시 상하이(上海)

상하이는 간칭이 '후滬'이며 별칭은 '선申'이다. 후라는 이름은 상하이 시 중심을 서에서 동으로 흐르는 우쑹 강吳淞江의 하류 일대를 옛부터 후두滬瀆라고 부른 데서 유래한다. 여기서 '후'는 대나무로 만든 어구의 일종이고 '두'는 민물과 바닷물이 만나는 곳이라는 뜻으로, 언제나 어족이 많으며 어로 또한 활발한 지방이란 뜻을 나타내고 있다. 선이란 별칭은 전국 시대 추춘선쥔楚春申君의 영지였다는 뜻에서 도입되었다고 전해진다.

현재 상하이는 베이징北京, 톈진天津, 충칭重慶과 더불어 중국의 4대 중앙 정부 직할시이며 중국 최대의 인구를 수용하고 있는 국제 도시이다. 또한 중국 최대의 문화 도시이자 공업 도시이며 국제 무역 도시이다. 행정 구역은 16구區 4현縣으로 나뉘어 있고 면적은 5800km², 인구는 1,301만 명이다.

양쯔 강揚子江 하구의 삼각주에 자리잡고 있어 지형은 저평하며, 인공 수로망인 크리크creek가 종횡무진 무수히 발달되어 있어 일종의 수향 현상水鄉現象을 나타내기도 한다.

시에서 가장 높은 곳은 남서부 해상에 있는 다진산大金山 섬의 103.4m이고, 육상의 최고점은 서부 텐마 산天馬山의 98.2m이며 나머지의 평균 해발 고도는 1~5m이다.

시에서 가장 큰 섬은 양쯔 강이 운반한 토사가 퇴적되어 만들어진 강구의 삼각주 충밍다오崇明島이다. 이 섬은 중국 3대 섬 중 하나로, 타이완臺灣과 하이난海南 섬 다음으로 크며 면적은 1,083km²에 이른다. 섬의 길이는 80km이며 너비는

중국 최대의 국제 도시 상하이의 관문 상하이역. 상하이의 관문은 3개로 철도 여객은 상하이역, 선박 여객은 궁핑루(公平路) 부두, 항공 여객은 홍차오(虹橋) 국제 공항을 각각 이용하며 기타의 국내 여객들은 장거리 버스를 이용해 각지로 이동한다. 1999년에는 새로이 푸둥(浦東) 공항이 개항했다.

○ 쑤쩌우 강(蘇州河)에 놓인 와이바이두차오(外白渡橋)를 건너면 다밍(大名) 거리 입구에 1990년 중국 최초로 설치된 상하이 증권 교역소가 있다.

13~18km에 이르고 하안선의 길이는 무려 186.8km인데 문헌에는 서기 618년부터 강구의 수면상에 사주가 나타났다고 기록되어 있다.

상하이의 기후를 살펴보면 최한월 1월의 평균 기온은 3.3℃, 최난월인 7월의 평균 기온은 27.9℃, 연평균 기온은 15.5℃이다. 연평균 강수량은 1,000mm로 인간의 활동과 식물 생육에 가장 알맞은 대륙성 계절풍 기후로 사계절의 변화가 뚜렷하다.

역사적으로 볼 때 상하이는 진 · 한대에는 하이옌海鹽과 로우셴 현婁縣에 종속되었고, 당대에는 화팅 현華亭縣에 속하였다. 송대에 처음으로 상하이 진上海鎭이 설치되었으며 1292년에 현上海縣으로, 1928년에는 국민당 정부에 의해 특별시로, 그리고 1930년에 시로 승격되었다.

한편 1842년 아편 전쟁이 끝난 후 체결된 난징南京 조약으로 상하이항이 대외

개방되었고, 1845년에는 영국의 조계와 1848년의 미국과 프랑스의 조계가 설치되었다. 이러한 관계는 중국이 전승국으로서 1945년 8월 제2차 세계 대전을 마무리할 때까지 중국의 치외법권 지대인 외국인 거류 지구로 존속하는 수모를 겪기도 했다.

⬆ 중산둥(中山東) 1로와 2로로 이어지는 황푸 강(黃浦江) 연안 지역은 상하이 시의 중심 업무 지구(Central Business District)이다.

황푸 강 연안 푸둥(浦東) 공업 지대

홍적세 말기에 해당하는 지금으로부터 약 10,000년 전의 상황은 양쯔 강 하곡의 유수면이 오늘날보다 100m 이상 낮았으며 황푸 강黃浦江 또한 100m 내외의 비고를 가진 곡지였을 것으로 추정된다.

후빙기에 해면이 상승되고 천해로 변하면서 현존 양쯔 강 하구 부근에는 융빙성 홍수의 운반 물질인 진흙과 삭마된 암설 및 토사가 신속하게 운반되어 퇴적함으로써 삼각주성 퇴적물이 수면상에 그 모습을 드러내기 시작했다.

현재의 해면으로 고정된 약 6000년 전부터 이들 삼각주는 신속하게 확대되어 쑤베이 평원蘇北平原 남동부와 타이후 호太湖 동쪽 지역을 해발 1~5m의 삼각주 평원으로 발달시켰음은 재론할 여지가 없다. 인류 문화사를 살펴보면 초기 정주 농업은 해마다 하천이 범람할 때에 비료(유기질)가 공급되는 이러한 삼각주를 중심으로 이루어졌다.

현재 상하이는 중국 최대의 종합 공업 도시일 뿐만 아니라 과학 기술과 문화의 중심 도시로 많은 대학과 연구 시설이 집중되어 있다. 우쑹커우吳淞口 좌안 양쯔강 우안에 자리잡은 바오산寶山 철강 공업 단지와 가오차오高橋 보세 구역, 진차오金橋 수출 가공 공업 지역, 장강張江 하이테크 개발 지역, 루자쭈이陸家嘴 금융 무역 지역 등이 중심을 이룬다.

이 밖에도 싼차항三岔港, 중싱中興, 가오난高南, 둥거우東溝, 상촨로上川路 등의 황푸 강 연안 공업 지역과 푸둥浦東 공업 지역이 연합되어 푸둥 지역으로 새롭게 그 면모를 일신하였다. 이제 상하이 푸둥 지역은 중국 제1의 종합 공업 지대일 뿐만 아니라 세계 선진 열강들이 자본을 앞다투어 투자하는 국제적인 종합 공업 지대로 발돋움하고 있다.

또한 육 · 해 · 공 교통의 요지인 상하이는 최근 개통된 전장 1,262km의 수도 베이징과 상하이를 연결하는 징후京滬 고속 도로와 시 내부 순환 고가 도로, 남북 고가 도로 등의 준공으로 눈부신 전성기를 구가하게 되었다. 앞으로 운송비의 절감 효과로 인한 유통 구조의 일대 혁신은 이 지역 발전에 크게 공헌할 것이며 이로 인해 선진 기술과 자본의 투자는 날로 증대되어 명실 상부한 세계의 공업 지대로 신속하게 탈바꿈할 것으로 전망된다.

한편 상하이에는 루자쭈이陸家嘴의 동방명주東方明珠란 이름의 텔레비전 중계탑 전망대가 새로운 명물로 등장하였는데 이 탑에서 상하이 시를 바라보는 관광객의 수는 날로 증가하고 있다.

▲ 새로운 경제 대국으로 떠오르고 있는 중국의 경제 심장부인 상하이 푸둥(浦東) 공업 지역. 중국 제1의 종합 공업 지대일 뿐 아니라 세계 선진 열강들이 자본을 앞다투어 투자하는 국제적인 종합 공업 지대로 발돋움하고 있다.

▲ 푸둥 대로(浦東大路)를 따라 둥산 가(東山街) 일대에 자리잡은 황푸 강 연안 공업 지대의 활기찬 모습. 이 일대에는 조선 공업, 제철 공업 등이 입지해 있다.

◘ 상하이의 명물로 자리매김한 독특한 디자인의 전시(電視 : 텔레비전) 중계탑 동방명주(東方明珠). 동방명주(東方明珠) 주변으로는 초현대식 마천루가 펼쳐진다.

중국 최대의 서점 밀집 지역인 푸저우 로(福州路)의 고서점가.

푸저우 로에서의 즐거운 서점가 산책

상하이 푸저우 로福州路는 중국 최대의 대형 서점들이 밀집되어 있는 곳으로, 각종 전문 서점을 비롯하여 외국어 서점 등 하루 종일 서점가를 뒤지며 필요한 책과 자료를 구입할 수 있는 더없이 좋은 거리이다.

중국에서 마음에 드는 책을 구한다는 것은 발행 정보를 미리 알고 있든가 아니면 뒷골목의 이름 없는 작은 책방을 뒤지는 길밖에 없다는 것을 터득하는 데에는 상당한 시일이 걸렸다. 예를 들어 중국의 변경 신장웨이우얼新疆維吾爾 자치구의 허텐和田이란 작은 오아시스 도시에서 생각지도 않은 좋은 책과 자료를 구한 적이 있었다.

이름 있는 국제 도시에서 설마 못 구하는 책이 있으랴 마음먹고 서점가를 탐색했기 때문인지 상하이에서는 예상보다 훨씬 많은 자료를 구할 수 있었다.

마침 호텔도 진화 로金華路에 잡았겠다 난징 로南京路와 푸저우 로福 州路 그리고 황푸黃浦 공원과 황푸 유원지를 마음대로 오가며 즐거운 며칠간을 보냈다. 이미

홍커우 공원에 있는 윤봉길 의사의 사당. 1932년 4월 29일 상하이 홍커우 공원에서 일본군 침략자의 간담을 서늘하게 한 윤봉길 의사의 의거는 우리 민족의 조국 광복에 대한 각오를 새롭게 하는 계기가 되었다.

황푸 강 연안의 국제 여행사에서 칭다오靑島로 가는 선표도 구입한 터라 마음놓고 상하이의 이 곳 저 곳을 헤집고 다닐 수 있었다.

윤봉길 의사의 애국 정신이 살아 있는 홍커우(虹口) 공원

윤봉길(1908-1932) 의사는 충남 예산에서 태어나 3·1 운동을 향리에서 겪었고, 그 울분을 삭이지 못하여 1930년 '대장부출가생불환(大丈夫出家生不還)'이란 글을 남기고 홀연히 상하이로 떠났다. 그리고 상하이에서 세탁소 외교원을 비롯 모직 공장의 직공 등 여러 가지 일을 하면서 상해 임시 정부의 김구 주석이 주도하는 애국단에 가입하여 조국 광복의 정열을 불살랐다.

1932년 4월 29일 윤봉길 의사는 김구 선생으로부터 받은 폭탄을 도시락에 숨겨

마오 쩌둥(毛澤東) 주석의 친필로 쓰여진 홍커우 공원 내 루 쉰(魯迅) 선생의 묘.

가지고 일본 천황의 생일 축하를 겸한 상하이 사변 전승 기념식장인 상하이 홍커우虹口 공원에 잠입하여 행사가 무르익었을 때 폭탄을 투척하였다. 그 결과 일본의 상하이 파견군 사령관 시라까와 대장과 일본 거류민단장 가와바다 등을 폭사시키고, 일본 제3함대 사령관 노무라와 9사단장 우에다, 주중 일본공사 등에게 중상을 입혔다.

이 사건은 우리 민족의 조국 광복에 대한 굳은 신념을 만천하에 알렸을 뿐 아니라 일본 군국주의 자들의 간담을 서늘하게 하였으며 전투력 약화는 물론 일본군의 사기를 현저히 떨어뜨리는 결과를 가져왔다. 윤 의사는 거사 직후 일본 관헌에게 체포되어 오사카로 압송되었으며 결국 형장의 이슬로 사라졌지만, 그의 의거는 조국 광복에 대한 각성제로 작용하여 우리의 민족적 자부심을 드높이는 계기가 되었다.

1994년에 김영삼 대통령의 지시로 상하이 홍커우 공원에 2층으로 된 윤봉길 의사의 사당이 건립되었다. 우리는 내 · 외부의 단장을 끝낸 전시실과 영정을 봉안하려는 현장을 살피고 돌아왔다.

루 쉰(魯迅)의 묘와 기념관

루 쉰(1881–1936)은 저장 성浙江省 사오싱紹興 사람으로 원래의 이름은 저우 수런周樹人이요, 자는 위차이豫才이다. 1902년에 일본으로 건너가 의학을 공부하였으나 후일 문학가로 변신하였다. 그는 1918년 5월 루 쉰魯迅이란 필명으로 '광인일기狂人日記'를 발표하여 새로운 문학 운동의 기틀을 마련한 중국의 위대한 문호 가운데 하나이다.

홍커우(虹口) 공원 내에 건립된 중국이 낳은 위대한 현대 문학가 루 쉰(魯迅 : 1881~1936)의 동상. 뒤로는 루 쉰의 묘가 있다.

이후 10년간 '눌함吶喊', '분墳', '열풍熱風', '방황彷徨', '야초野草', '조화석습朝花夕拾', '화개집華蓋集' 및 그 속편과 '아큐정전阿Q正傳' 등을 발표하는데 모두 중국 현대 문학사상 걸출한 작품들로 우리 나라에도 이미 널리 소개되었다.

루 쉰은 1933년 4월 상하이 훙커우 구虹口區 산인 로山陰路 다루신 촌大陸新村 9호로 이사하여 1936년 10월 19일 생을 마칠 때까지 기거하였다. 이 같은 인연으로 그의 유골은 1956년 홍커우 공원으로 옮겨져 안치되었다. 1600m^2의 묘역을 설정하고 '루 쉰 선생지묘魯迅先生之墓'란 마오 쩌둥 주석의 친필이 새겨진 묘비와 동상을 세웠다.

1981년 9월에는 루 쉰 탄생 100주년 기념 대회가 베이징 천안문 광장의 인민 대회당에서 개최되었는데 각계 대표 6,000여 명이 참석하는 등 현대 중국이 낳은 위대한 중국의 문학가에 대한 중국 인민의 깊은 애정을 보여 주었다.

10 양쯔 강과 주장 강 삼각주

닝전 구릉과 타이후 호 및 양쯔 강 삼각주

홍적세에는 빙기와 간빙기의 되풀이로 자그마치 여덟 번의 해면 변동이 일어났다. 빙기에는 전세계적으로 물이 순환 체계에서 이탈하여 극지와 내륙에 갇히게 되어 해면은 계속하여 낮아지고, 간빙기인 온난기에는 융빙수로 인한 전세계적인 해면 상승을 가져와 침수 해안이 나타났다.

이 중에서도 가장 극성을 부렸던 제4빙기, 즉 뷔름Würm 빙기로 명명된 최종 빙기는 지금으로부터 약 10만 년 전에 시작되었고, 1만 년 전에 극적으로 신속하게 후퇴하여 제4간빙기인 오늘날에 이르렀다.

오늘날 빙하학자들이 빙퇴석의 연구를 통해 추정해 본 결과, 이 뷔름 빙기의 최성기에는 대륙 빙하가 전 육지 표면적의 30%를 덮고 있었다는 사실을 알게 되었고, 현존 빙하 또한 육지 표면적의 10%란 사실도 확인하였다. 그리고 이와 같은 결과에서 얻어진 산술적인 계산 방식을 적용하여, 육지 표면적의 10% 인 현존 빙하가 완전히 융해된다고 가정했을 때에 해수면은 현재보다 60m 상승한다는 결론을 얻었다. 결국 이는 육지 표면적의 30%가 빙하로 덮여 있던 뷔름 빙기의 해면이 오늘날의 해수면보다 120m나 낮았다는 사실과 현존 대부분의 대륙붕이 당시 육지였음을 증명하는 것이다.

이와 같은 사실은 동부 아시아에 있어서 현재의 인도차이나 반도와 타이완, 중국과 한국의 120m 깊이의 바다까지지가 건륙화된 땅으로 육속되어 있었음을 말해 주는 것인데 이런 현상은 전세계적으로 동일하게 나타난다고 알려져 있다. 따라서 홍적세에 여러 번 되풀이된 빙기와 간빙기는 수륙 분포의 질서를 한층 복잡한 것으로 만들었으며 해면의 승강 운동을 고려하지 않고서는 해안 지형을

◐ 타이후 호와 양쯔 강 하류부에 발달한 삼각주성 평원에 입지한 상하이를 비롯한 크고 작은 도시들과 이들 도시들을 연결하여 주는 인공 수로망 크리크(creek)는 지역 주민의 생활 필수품으로 소형 선박을 등장시켜 주었다.

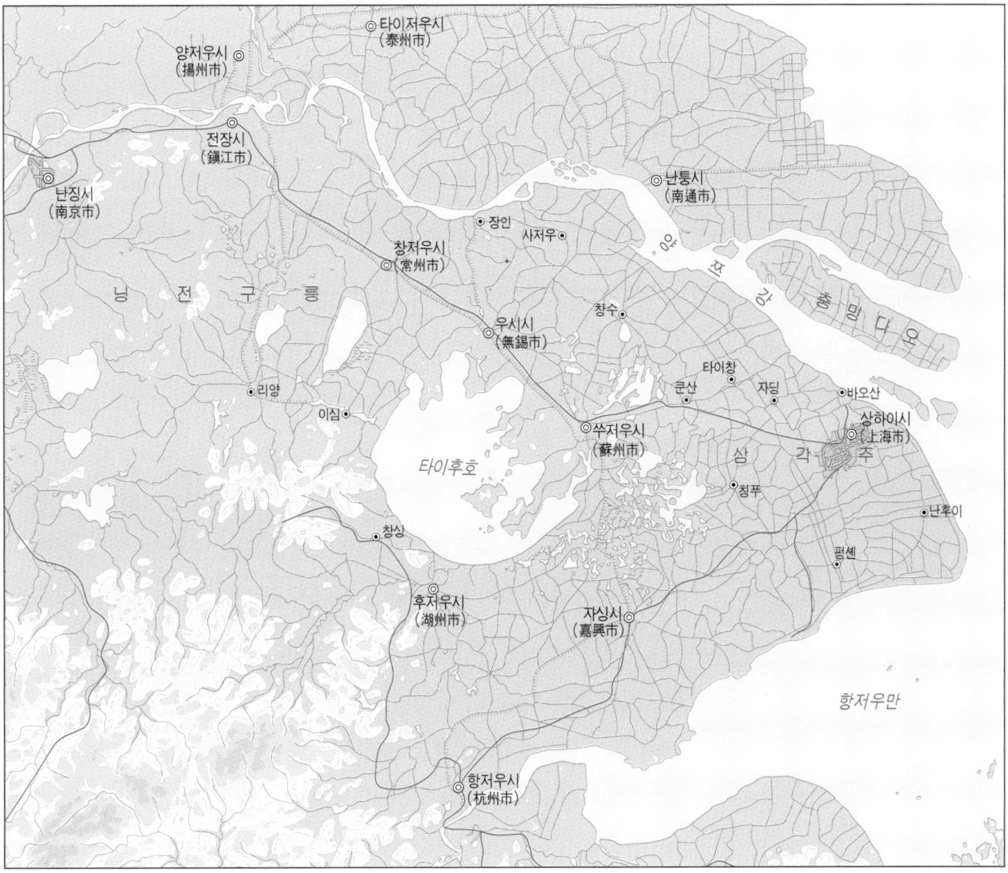

논할 수 없다는 결론에 이르게 된다.

이러한 이론에 근거하여 살펴보면, 제4간빙기의 신속한 해면 상승은 오늘날 난징南京 주변의 닝전寧鎭 구릉과 타이후太湖 분지 주변의 박식 구릉을 군도화하였으며 양쯔 강의 깊은 하곡들은 100m 이상의 해저로 변화시켰을 것이다. 그리고 양쯔 강이 엄청난 토사를 운반해 옴으로써 신속한 퇴적이 이루어져 충적세 초기의 바다는 매립되고, 전진 평형화 작용(progradation)으로 인해 바닷가의 파도는 사력으로 빈제濱堤를 만들어 내 새로운 육지가 점차 확대되어 나가게 된 것이다. 이러한 과정에서 군도는 육계화되었고 호분에는 물이 고여 호소화되었는데 현재의 해수면이 확정된 것이 약 6000년 전임을 감안하면 얼마나 신속하게 전진적 평형화 작용이 이루어졌는가를 짐작할 수 있다.

따라서 타이후 호太湖는 포양 호와는 달리 원초적으로 해적호 기원의 담수호라고 생각된다. 황푸 강 또한 옛 황푸 강 하곡을 기초로 했으므로 수심은 깊고 강폭이 넓었던 것으로 추리된다.

오늘날 양쯔 강 하류의 광대한 삼각주 평야의 생성 작용은 현재에도 활발히 진행되고 있다. 따라서 푸둥 지구 앞바다의 마안 군도馬鞍群島와 성쓰 열도嵊泗列島를 포함한 저우산 군도舟山群島가 육계화될 날도 그리 멀지 않은 것 같다.

주장 강 삼각주

우리는 광저우廣州 시 중산 6로 부근에 자리잡은 어신鄂新 호텔에 여장을 풀고 말로만 전해 듣던 둥장 강東江과 시장 강西江, 베이장 강北江 등 무수한 크고 작은 하천들이 그물망처럼 이루어진 삼각주를 답사하기로 했다.

삼각주란 하천이 운반한 크고 작은 모래와 진흙 그리고 유기질이 퇴적한 땅의 모양새가 그 정상부가 늘 뾰족하며 그 말단부는 얕게 그리고 넓게 퍼짐으로써 일반적으로 세모꼴을 나타낸 데서 비롯된 말이다. 이렇게 여기 저기에 동시 다발적으로 생기며 그 사이로는 샛강이란 이름의 물길을 유지하는 일단의 땅생김

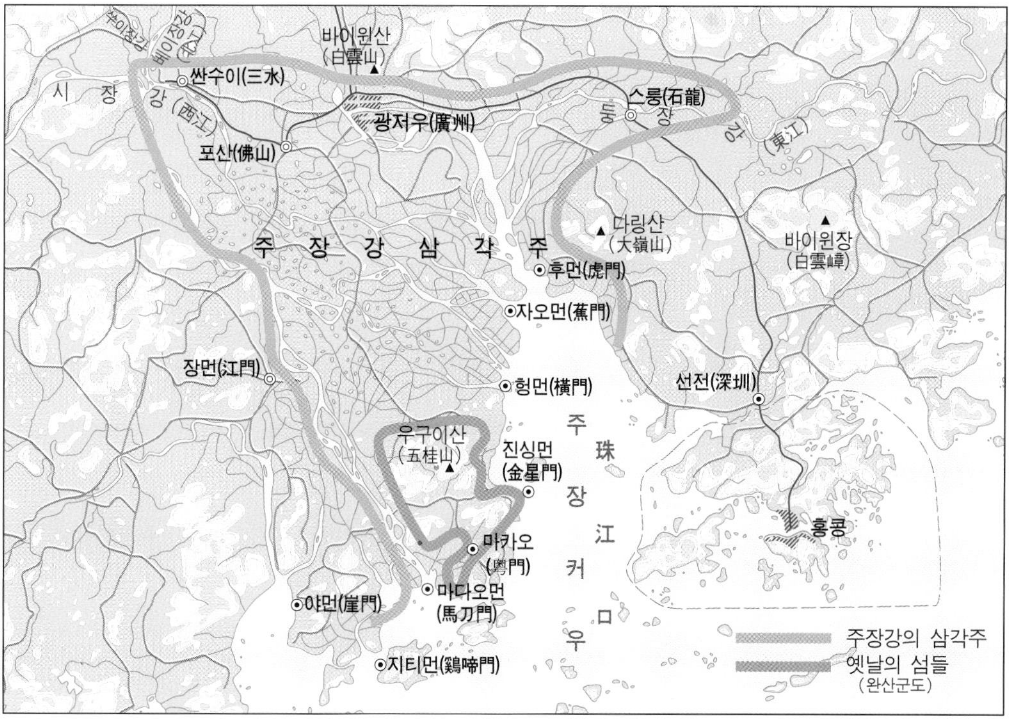

주장 강 삼각주.

에 대하여 지리학의 선인들은 델타delta란 이름을 부여하기도 했는데 델타 또한 세모꼴을 가진 로마 글자이다.

이제 설명하려고 하는 주장 강珠江 삼각주가 얼마나 큰가 하면, 우리 나라에서 잘 알려진 김해 평야로 알려진 낙동강 삼각주의 넓이가 약 50km²인 데 비하여 이보다 무려 200배가 넘는 10,000km²에 육박한다.

주장 강은 광저우 시에서 서쪽으로 약 50km 떨어진 시장 강西江과 반대 방향에서 흘러들어오는 둥장 강東江, 그리고 쑤이장 강綏江 등 세 강이 합류하는, 싼수이三水에서 서쪽으로 약 10km 떨어진 곳에서 하천의 쟁탈 현상이 일어났다. 그리고 이 곳 남쪽의 주장 강 우안으로부터 주장 강의 운반 물질과 둥장 강東江의 운반 물질이 퇴적되었고, 하천이 범람할 때마다 물길을 바꾸며 수많은 하중도와 샛강을 만들어 냈다.

주장강 삼각주의 규모는 광저우 시에서 동쪽으로 스룽石龍까지 60km, 광저우 시에서 남동쪽으로 후먼虎門과 자오먼蕉門까지가 약 50km, 싼수이에서 야먼崖門까지가 약 120km이다. 현재의 주장커우珠江口까지 수많은 섬들이 산재해 있었는데 이들 섬을 연합하여 육속시킨 소위 거대한 주장 강 삼각주가 만들어졌다.

광저우는 실제로 대소 수백개의 크고 작은 하적호와 강섬(하중도) 그리고 그물망 같은 물길로 이루어진 거대한 충적 평야 지대로 화이난 지방華南地方의 곡창을 이루고 있다.

이 곳의 논농사와 밭농사는 한 해에 세 번씩 번갈아 이루어지고, 수많은 수로와 하적호를 이용해 담수어를 양식하고 집오리를 사육하는데 과연 어미지향魚米之鄕으로서 수많은 인구를 부양하고 있다.

현재의 주장커우 연안에는 야먼崖門, 지티먼鷄啼門, 마다오먼馬刀門, 웨먼粵門, 진싱먼金星門, 헝먼橫門, 자오먼蕉門, 후먼虎門 등의 수많은 세분화된 주장 강 하구들이 있다. 뿐만 아니라 그 앞바다에는 완산췬다오萬山群島라는 군도가 있다. 하지만 이 섬들도 먼 후일에는 주장 강의 운반 물질로 육속될 것이며 삼각주는 더욱 확대되어 나아갈 것이다.

〈참고문헌〉

Part 1 동포들의 활동 무대 둥베이 지방

1) 信 群 主編, 沈陽要覽, 沈陽人民政府 辦公室出版社, 1991. 沈陽
2) 沈陽故宮博物院編印, 沈陽故宮博物院, 1987. 沈陽
3) 邵連凱主編, 淸昭陵, 遼寧人民出版社, 1989. 沈陽
4) 李秉勝主編, 美麗富饒的延邊, 朝陽新華印刷廠, 1988. 延吉
5) 李振泉外編, 吉林省地理, 吉林文史出版社, 1991. 長春
6) 延邊年鑑, 延邊人民政府出版物, 1988. 延吉
7) 宣宗大王實錄 卷之九十三, 三十年丁酉十月
8) 顯宗大王實錄 卷之十四, 九年戊申四月
9) 肅宗大王實錄 卷之三十六, 二十八年壬午五月
10) 黃就順編, 中國地理槪論, 上海書局有限公司出版, 1986. 香港
11) 張虎男編, 火山, 地震出版社, 1986. 北京
12) 剛占華主編, 延邊旅遊指南, 延邊大學出版社, 1992. 延吉
13) Geology of Korea, Foreign Languages Book, Publishing House, 1993. Pyong Yang
14) 李漢杰 .徐瑞琳編, 中國地理之最, 中國旅遊出版社, 1992. 北京
15) 崔南善著, 白頭山覲參記, 東西文庫, 1977. 서울
16) 唐錫陽著, 自然保護區 探勝, 新世界出版社, 1990. 北京
17) 盧思愼著, 新增東國輿地勝覽, 卷之五十, 慶興都護府, pp.326-332.
18) 朝鮮總督府製作, 西水羅, 古邑洞 圖幅 1:50000 無等高線 地形圖, 1917.
19) 北蘇共同製作, 1:50000 北韓地形圖, 白頭山, 天池, 西水羅, 豆滿江等 4幅 圖書出版 景仁文化社, 影印本, 1997.
20) 鄺燦恩編, 東北旅遊資料手册, 利源書報社 有限公司, 1987. 香港
21) 恩 龍 編輯, 東北自助遊, 美雅印刷公司, 1988. 香港
22) 丙 公著, 東北風物漫憶, 上海書局有限公司出版, 1978. 香港
23) 哈爾濱地圖出版社編, 黑龍江省地圖册, 1986. 哈爾濱
24) 張盛學外編, 黑龍江省地理, 黑龍江 敎育出版社, 1987. 哈爾濱
25) 張振國外編, 五大連池 旅遊指南, 黑龍江 人民出版社, 1991. 哈爾濱
26) 五大連池市 文聯編, 五大連池 民間文學集成, 黑大印刷廠, 1991. 哈爾濱
27) 周 琳主編, 東北氣候, 北京 順義燕華印刷廠, 1991. 北京
28) 高 愉編, 東北大地, 地質出版社, 1989. 北京
29) 劉華訓等編, 中國地理之最, 中國 旅遊出版社, 1987. 北京
30) 曺玲泉編, 中國旅遊奇景, 上海飜譯出版社, 1991. 上海
31) 村山 磐著, 火山の活動と地形, 大明堂, 1981. 東京
32) Planet Earth Series "Volcano" Time-Life Book Inc. 1982. N.Y.
33) Decker. Decker, "VOLCANO" FREEMAN Co, 1980. N.Y.
34) Krafft, Katia. "Volcanos" Hammond Inc, 1979. Ohio, U.S.A.

35) R, decker & B, decker, Volcanoes in America's N.P. 2001. N.Y.
36) Wendel A.D. Volcanoes of N. Arizona, Grand Canyon Assoc, 1997.

Part 2 산수의 고향 구이린

1) 科學院岩溶研究組編, 中國岩溶研究, 科學出版社, 1979. 北京
2) 盧耀如主編, 中國岩溶, 地質出版社, 1986. 北京
3) 朱學穩著, 桂林岩溶, 科學技術出版社, 1988. 上海
4) 翁金桃著, 桂林岩溶與炭酸鹽岩, 重慶出版社, 1987. 重慶
5) 論文集, 喀斯特地貌與洞穴研究, 科學出版社, 1990. 北京
6) 金德明.汪朝陽共著, 地下世界, 貴州人民出版社, 1983. 貴州
7) 吳應壽著, 徐霞客遊記 巴蜀書社出版, 1988. 成都
8) 徐茂松著, 한국의 동굴, 아카데미출판사, 1987. 서울
9) 徐茂松著, 韓國의 石灰岩地形, (주)푸른길, 2004. 서울
10) 徐茂松著, 二次元의 僞鐘乳洞에 關한 洞窟地形學的硏究, 서울大出版部 1983. 서울大社會大 地理學科論文集 地理學論叢第 10號 pp.343-356.
11) 漆原和子著, カルスト, 大明堂發行, 1998. 東京
12) 鹿島愛彦著, すねぐろの 洞穴行脚, 明星印刷社, 1995. 松山
13) 鹿島愛彦教授 退官記念論文集, 記念事業會發行, 明星印刷社 2000. 松山
14) J. N. JENNINGS, Karst, THE M.I.T. PRESS, 1971. Cambridge
15) J. N. JENNINGS, Karst Geomorphology, B, B, Ltd, 1985. Oxford
16) M. M. Sweeting, Karst Landforms, Colum. Univ. Press, 1973. N.Y.
17) C. Hill & P. Forti, Cave Minerals of the World, Spel. Soc, 1997. Huntsville
18) M. HERAK, KARST Important Karst Regions of the North Hemisphere, Elsevier Publishing Co., 1972. N.Y.
19) G. W. Moore & B. G. Nicholas, SPELEOLOGY: The Study of Caves, 1964 by D.C. Heath and Company, Lexington, U.S.A.

Part 3 중국의 생명 창고 양쯔 강 유역

1) 沈 蘇. 金明霞著, 西昌滇中地區主要鑛産, 重慶出版社, 1988. 重慶
2) 主編王鴻禎外, 中國古地理圖集, 地圖出版社, 1985. 北京
3) 王思恩等著, 中國的侏羅系, 地質出版社, 1985. 北京
4) 西北師範學院 地理系主編, 自然地理圖集, 地圖出版社, 1984. 北京
5) 四川人民出版社編, 渡江堰, 四川人民出版社發行, 1985. 成都
6) 文化部文物局主編, 中國名勝辭典, 上海辭書出版社, 1986. 上海
7) 中國長江輪船公司編, 長江三峽, 1986. 重慶

8) 河信祿編, 四川脊椎動物化石, 四川科學技術出版社, 1984. 成都
9) 自貢恐龍博物館編, 大山鋪恐龍, 自貢新華印刷廠, 1986. 自貢
10) 張克明主編, 中華人民共和國大辭典, 國際廣播出版社, 1989. 北京
11) 劉魯風外編, 中華人民共和國要事錄, 百花印刷廠, 1989. 北京
12) 中國大百科全書, 地理學, 中國大百科全書出版社, 1990. 北京
13) Alasdair Clayre; The Heart of The Dragon, 1984. Boston
14) Journey Into CHINA National Geographic Society, 1982. W.D/C
15) Xi Liyi, CHINA, McGraw-Hill Book Co, 1980. N.Y.
16) C. O. Dunbar, Historical Geology, J. Wiley & Sons, Inc, 1961. N.Y.
17) Alfred A. Knopf, National Audubon Society Field Guide to North American Fossils. 1995. N.Y.
18) C. Walker, D, Ward, FOSSILS, Dorling Kindersley, Inc. 1992. N.Y.
19) 益富壽之助, 浜田隆士 共著, 原色化石圖鑑, 保育社, 1966. 大阪
20) 陳升琪主編, 水文與地貌學, 西南師範大學出版社, 1990. 重慶
21) 劉華訓等編, 中國地理之最, 中國旅遊出版社, 1987. 北京
22) 王全昌等編, 上海之最, 上海科技教育出版社, 1990. 上海
23) 上海市編, 上海市土地利用, 中國百科全書出版社, 1990. 上海
24) 陸健健編, 中國濕地, 華東師範大學出版社, 1990. 上海
25) 中國科學院編, 中國氷川概論, 科學出版社, 1988. 北京
26) French, H. M 原著, 小野有五譯, 周氷河環境, 古今書院, 1984. 東京
27) Hambrey & Alean, Glaciers, Cambridge Press, 1992. Hong Kong
28) A. L. Washburn, Periglacial Processes & environment, EA 1973. London
29) 小林國夫. 阪口 豊 共著, 氷河時代, 岩波書店, 1982. 東京
30) Bloom, A. L The Surface of the Earth, Prentice-Hall, 1969. N. jersey
31) 曺華龍著, 韓國의 沖積平野, 教學研究社, 1989. 서울